LÉGENDES DU FOOTBALL
PARTIE 1

A. ARTER

Copyright © 2024 par A. Arter. Tous droits réservés. Aucune partie de cette publication ne peut être reproduite, distribuée ou transmise sous quelque forme ou par quelque moyen que ce soit, y compris la photocopie, l'enregistrement ou d'autres méthodes électroniques ou mécaniques, sans la permission écrite préalable de l'éditeur, sauf dans le cas de brèves citations incorporées dans des critiques critiques et certains autres utilisations non commerciales autorisées par la loi sur le droit d'auteur. Pour les demandes de permission, écrivez à l'éditeur, adressées à « Attention: Coordonnateur des autorisations », à l'adresse indiquée à la fin du livre.

Bienvenue dans le monde passionnant du football, où les rêves sont marqués et les légendes sont forgées ! Dans ce voyage illustré à travers les annales de l'histoire du football, nous embarquerons pour une aventure palpitante, explorant les vies et les carrières de certains des plus grands joueurs ayant jamais foulé le terrain.

Des dribbles éblouissants de Lionel Messi aux têtes imposantes de Cristiano Ronaldo, des courses éclair de Kylian Mbappé aux frappes précises de Mohamed Salah, et des tirs puissants d'Erling Haaland aux passes élégantes de Luka Modric, ce livre célèbre les talents et les réalisations remarquables des figures les plus emblématiques du football d'aujourd'hui.

Rejoignez-nous alors que nous plongeons dans les histoires derrière les buts, les triomphes et les moments de magie qui ont captivé les fans du monde entier. Que vous soyez un supporter aguerri ou que vous découvriez simplement le beau jeu, préparez-vous à être inspiré par les exploits incroyables de ces superstars du football. Alors, lacez vos chaussures, prenez votre ballon et préparez-vous à entamer un voyage inoubliable à travers les légendes actuelles du football !

LIONEL MESSI

D'accord, commençons avec Messi, le petit magicien du football ! Ce gars-là est comme un sorcier sur le terrain, faisant faire au ballon des choses qui semblent carrément impossibles. Sérieusement, le regarder jouer, c'est comme assister à de la pure magie qui se déroule sous vos yeux.

Donc, Messi est originaire d'Argentine, et mec, il a marqué le monde du football de son empreinte. Il a ce don incroyable pour le dribble qui laisse les défenseurs perplexes et se demandant où il est passé. Et ses tirs ? Ce sont comme des missiles dirigés droit vers le but. Imaginez ceci : nous sommes le 24 juin 1987, à Rosario, en Argentine, et une future légende du football voit le jour.

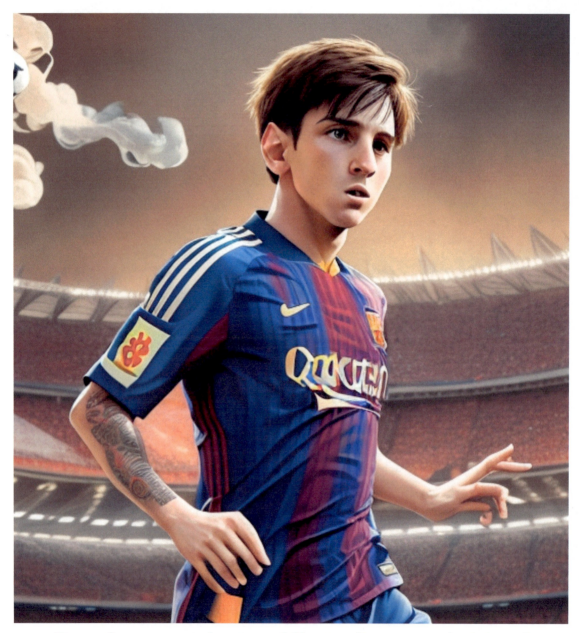

Depuis ces modestes débuts, l'amour de Messi pour le beau jeu était évident dès le début. Il était comme un magicien avec le ballon, se faufilant entre les défenseurs et laissant les mâchoires par terre. Les recruteurs ne pouvaient pas ignorer son talent, et assez rapidement, il partait pour la célèbre académie La Masia de Barcelone à seulement 13 ans.

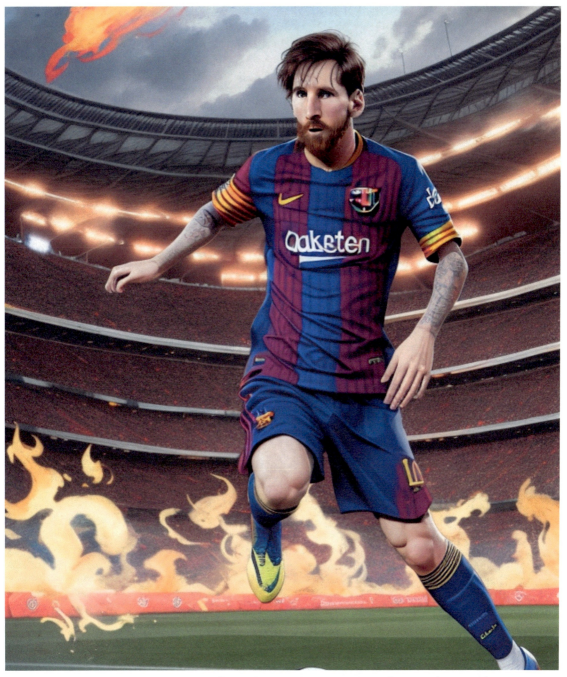

ancienne. Messi a fait irruption sur la scène du FC Barcelone tel une étoile filante, éblouissant les fans avec ses courses fulgurantes, ses dribbles hypnotiques et sa magie pour marquer des buts. À chaque match, il semblait défier la gravité, réalisant des gestes qui semblaient impossibles.

Au FC Barcelone, l'armoire à trophées de Messi débordait de titres - La Liga, Ligue des champions, Ballon d'Or - vous le nommez, il l'a gagné. Aux côtés de légendes comme Xavi et Iniesta, Messi a formé le cœur du style emblématique tiki-taka du Barça, dominant le football européen comme jamais auparavant.

Mais la grandeur de Messi ne se limitait pas au football de club. Il portait les espoirs d'une nation sur ses épaules avec l'équipe nationale argentine, et en 2021, il les a finalement menés à la gloire lors de la Copa America, mettant fin à la sécheresse et gravant son nom dans les livres d'histoire.

Parlons de la folle aventure de Messi après Barcelone ! Après avoir fait ses adieux au FC Barcelone, où il avait passé toute sa carrière, Messi a choqué le monde du football en rejoignant le Paris Saint-Germain (PSG). C'était comme un tremblement de terre - soudain, les rues de Paris étaient inondées de maillots de Messi, et les fans étaient aux anges. En s'associant à d'autres superstars comme Neymar et Kylian Mbappé, Messi a apporté sa magie caractéristique au Parc des Princes, impressionnant les foules avec ses compétences sublimes et ses buts emblématiques. C'était une formation de rêve qui faisait saliver les fans à l'idée de voir leurs héros en action.

Mais les aventures de Messi ne se sont pas arrêtées là. Après un bref passage au PSG, il a jeté son dévolu sur un nouveau défi - la Major League Soccer (MLS) aux États-Unis. Et où a-t-il atterri ? Nulle part ailleurs que chez Inter Miami CF de David Beckham, ajoutant encore plus de puissance d'étoile à la ligue en plein essor.

Avec l'arrivée de Messi, l'excitation autour d'Inter Miami a atteint son paroxysme. Les fans se sont précipités au stade, impatients d'apercevoir l'icône du football en action. Et Messi n'a pas déçu, offrant des performances magistrales sur le terrain et inspirant une nouvelle génération de fans de football américains.

Mais voici où cela devient encore plus fou - au milieu de toute cette frénésie des clubs, Messi avait un autre objectif en tête : remporter la Coupe du Monde de la FIFA avec l'Argentine. C'était le seul trophée qui lui avait échappé tout au long de sa carrière illustre, et il était déterminé à y parvenir. Et devinez quoi ? Il l'a fait ! Dans une finale à couper le souffle contre leurs rivaux féroces, le Brésil, Messi a mené l'Argentine à la victoire, soulevant le trophée de la Coupe du Monde haut au-dessus de sa tête et gravant son nom dans la légende du football. C'était la fin parfaite d'un voyage incroyable - Messi avait une fois de plus conquis le monde.

Ce qui est encore plus impressionnant chez Messi, c'est son attitude humble. Malgré le fait d'être l'un des plus grands joueurs de tous les temps, il est aussi terre-à-terre qu'ils viennent. Il ne s'agit pas de voitures tape-à-l'œil ou de manoirs luxueux - c'est juste un gars qui aime jouer au football.

Le parcours de Lionel Messi, d'un enfant de Rosario à une icône mondiale du football, est digne des légendes. Avec son talent, sa détermination et son amour indéfectible pour le jeu, Messi a laissé une marque indélébile dans l'histoire du football - et la meilleure partie ? Il n'a pas encore fini. Gardez un œil sur cet espace, mes amis - la magie de Messi est là pour rester !

CRISTIANO RONALDO

Parlons de Ronaldo, l'homme, le mythe, la légende ! Ce gars est une force sur le terrain, avec des muscles d'acier et un instinct de tueur pour marquer des buts. Imaginez ceci : nous sommes le 5 février 1985, sur la belle île de Madère, au Portugal, et une future superstar du football voit le jour.

Originaire du Portugal, Ronaldo est comme un super-héros en crampons. Il a la vitesse, la force et la compétence qui laissent les défenseurs trembler dans leurs bottes. Et quand il tire, vous feriez mieux de croire que ça va rentrer - ce gars a de la glace dans les veines.

Dès le début, Ronaldo a ce toucher magique avec le ballon, jouant au foot avec ses potes dans les rues de Madère. Les recruteurs repèrent son talent très tôt, et à l'âge de 12 ans

Il fait déjà sensation à l'académie de jeunes du Sporting Lisbonne. Avance rapide jusqu'à 17 ans, et bam ! Il fait ses débuts professionnels - parlez de commencer jeune !

Ensuite, en 2009, c'est le départ pour le Real Madrid dans un transfert pharaonique. Et mon Dieu, est-ce qu'il assure ! Ronaldo déchire la Liga, pulvérisant les records à gauche et à droite, et remportant tout ce qui se présente - quatre titres de la Ligue des champions, deux titres de La Liga, et quatre Ballon d'Or supplémentaires. Je veux dire, parlez de vivre le rêve !

Avançons jusqu'à aujourd'hui, et Ronaldo est toujours au sommet de sa forme à la Juventus, ne montrant aucun signe de ralentissement. En dehors du terrain, il excelle également - en s'impliquant dans les affaires, en redonnant à la communauté et en restant en forme comme le vrai professionnel qu'il est.

Le dernier coup de théâtre de Cristiano Ronaldo qui fait sensation - son passage à la ligue saoudienne ! Imaginez ceci : le monde du football est retourné de fond en comble alors que l'emblématique Ronaldo fait un transfert à couper le souffle en Arabie saoudite. Mais ce n'est pas seulement une question de pouvoir médiatique - la présence de Ronaldo à Al Nasr est un véritable changement de jeu à tous les niveaux. Il n'est pas seulement un joueur ; c'est une légende vivante, apportant avec lui une richesse d'expérience, de leadership et une mentalité gagnante contagieuse.

Ce qui distingue vraiment Ronaldo, c'est son éthique de travail. Ce gars s'entraîne plus dur que quiconque, se poussant constamment à être meilleur. Il n'est pas satisfait d'être simplement bon - il veut être le meilleur.

Et en dehors du terrain, Ronaldo n'est pas en reste non plus. Il est une icône de la mode, un philanthrope et un modèle pour des millions de fans à travers le monde. De plus, avez-vous vu ses abdominaux ? Ce gars est une publicité ambulante pour la forme physique.

Que ce soit en jouant pour Manchester United, le Real Madrid, la Juventus ou Al-Nasr, Ronaldo donne toujours le meilleur de lui-même. C'est une véritable légende du football, et nous avons de la chance de vivre à la même époque que lui. Alors, à Ronaldo - que ses buts soient nombreux et ses célébrations épiques. Vive le roi du football !

Kylian Mbappé

Plongeons dans le monde électrique de Kylian Mbappé, le phénomène du football qui met le terrain en feu depuis ses débuts. Imaginez ceci : nous sommes le 20 décembre 1998, à Bondy, en France, et une future légende du football voit le jour. Ce gars est comme l'éclair sur le terrain - clignez des yeux et vous le manquerez !

Le voyage de Kylian vers la superstardom a commencé tôt. Doté d'une vitesse éclair et d'instincts de tueur, il a déchiré les rues de Bondy, perfectionnant ses compétences et rêvant de gloire sur la scène mondiale. Ce n'était pas long avant que les recruteurs ne remarquent, et à l'âge tendre de six ans, il a rejoint l'académie de jeunes de l'AS Bondy, où son talent a fleuri.

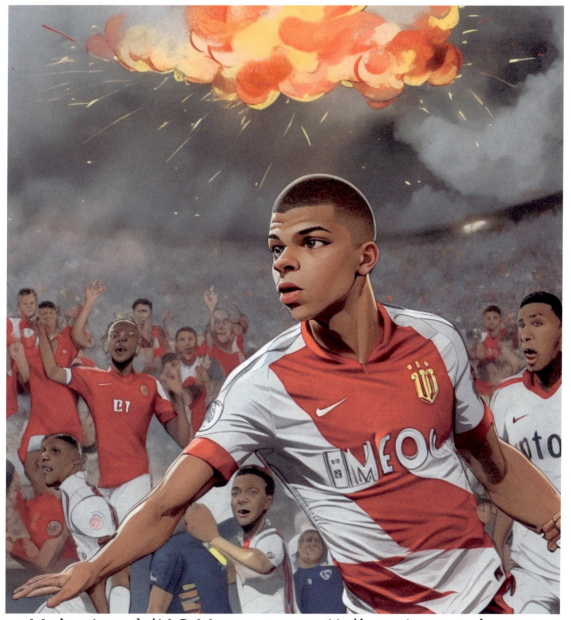

Mais c'est à l'AS Monaco que Kylian s'est vraiment fait connaître du monde. À seulement 17 ans, il a fait ses débuts professionnels pour Monaco, éblouissant les fans avec sa vitesse époustouflante et son talent pour trouver le fond des filets. En un clin d'œil, il est devenu l'une des plus grandes promesses d'Europe, attirant l'attention des meilleurs clubs à travers le

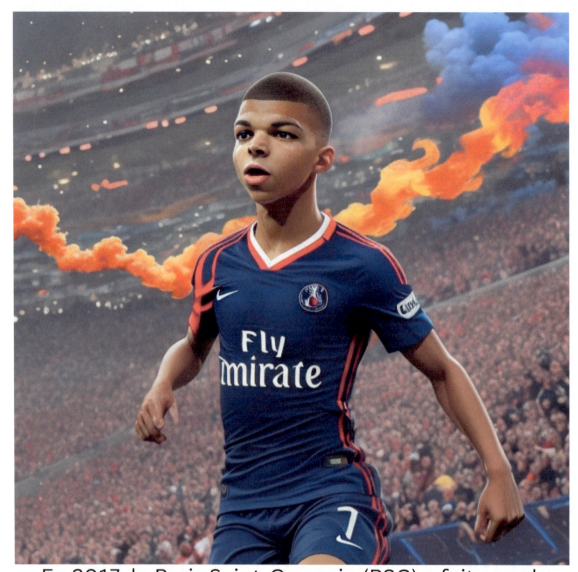

En 2017, le Paris Saint-Germain (PSG) a fait appel, et Kylian a répondu présent. Le transfert au PSG était un rêve devenu réalité pour la jeune star, qui a savouré l'opportunité de montrer ses compétences sur la plus grande scène. Et mon Dieu, il a répondu présent. Avec sa vitesse fulgurante, ses dribbles hypnotiques et sa finition clinique, Kylian est devenu le talisman du PSG, terrorisant les défenses et accumulant les buts avec facilité.

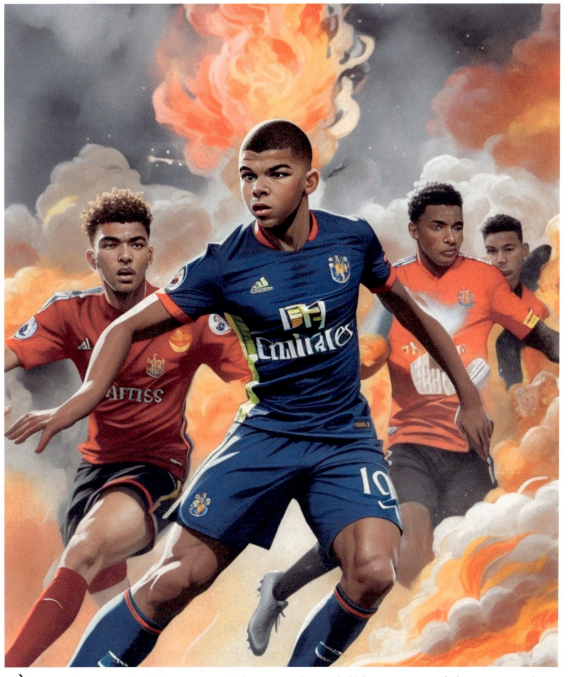

À seulement 23 ans, Mbappé a déjà secoué le monde du football. Avec sa vitesse fulgurante et ses compétences de dribble dévastatrices, il est un cauchemar pour les défenseurs partout. Sérieusement, essayer d'attraper ce gars, c'est comme essayer d'attraper de la fumée - impossible !

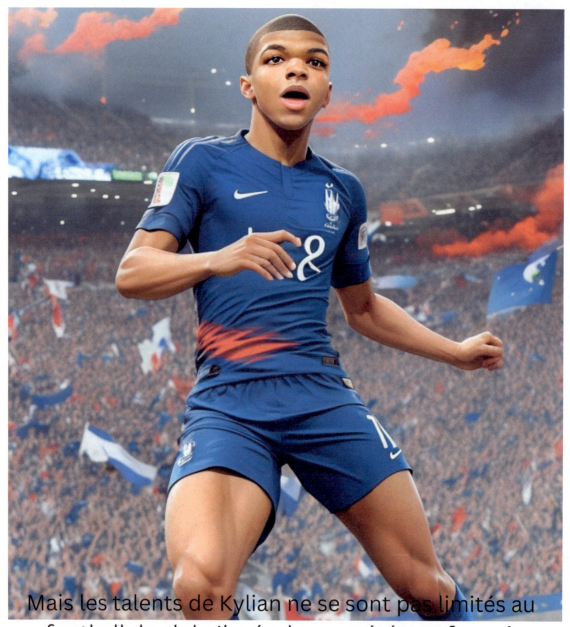

Mais les talents de Kylian ne se sont pas limités au football de club. Il a également été une force à prendre en compte sur la scène internationale, représentant la France avec distinction. De la victoire à la Coupe du Monde de la FIFA en 2018 à son éclat lors du Championnat d'Europe de l'UEFA, Kylian a été la force motrice derrière le succès de la France, recevant des éloges et de l'admiration de la part des fans du monde entier.

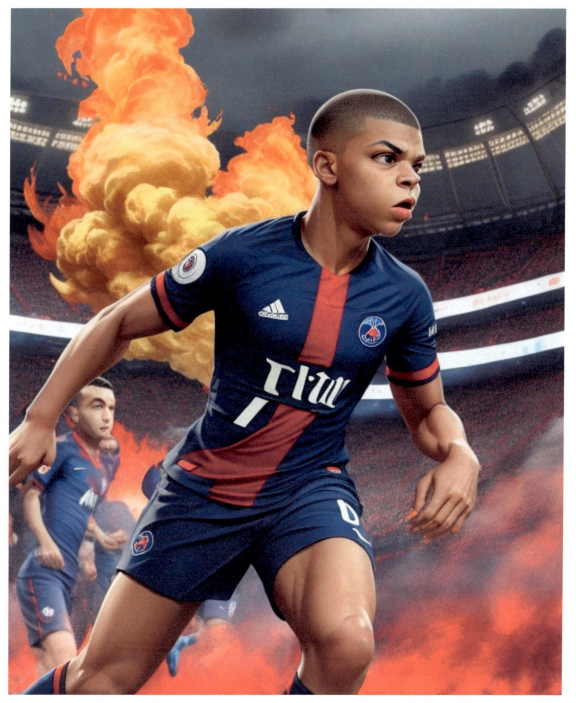

Mais Mbappé n'est pas seulement rapide - il a aussi un sérieux talent pour marquer des buts. Qu'il les envoie du fond du terrain ou qu'il conclue une belle action collective, vous pouvez toujours compter sur lui pour trouver le chemin des filets.

Et n'oublions pas son flair. Ce gars a plus de tours dans son sac qu'un magicien. Des crochets aux petits ponts, il a des mouvements pour des jours entiers - et il n'hésite pas à les sortir sur la plus grande scène.

En dehors du terrain, Mbappé est tout aussi impressionnant. Il est humble, terre-à-terre et a toujours du temps pour ses fans. De plus, il a du style à revendre - avez-vous vu son sens de la mode ? Ce gars est un précurseur, il n'y a aucun doute à ce sujet.

Que ce soit en déchirant pour le PSG ou en illuminant pour la France, Mbappé est toujours un plaisir à regarder. Il est l'avenir du football, et nous avons hâte de voir ce qu'il fera ensuite. Continue de briller, Kylian !

Mohamed Salah

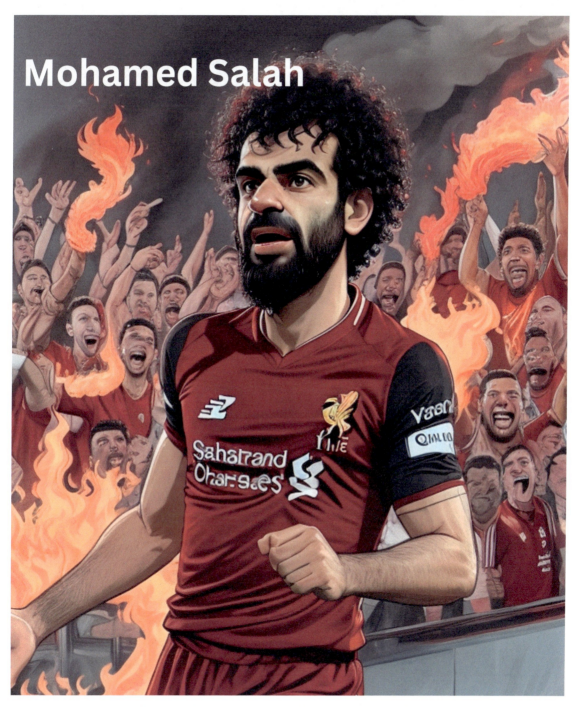

D'accord, parlons du Roi égyptien lui-même - Mohamed Salah ! Ce gars est une véritable légende sur et en dehors du terrain. Imaginez ceci : nous sommes le 15 juin 1992, à Nagrig, en Égypte, et une future légende du football voit le jour.

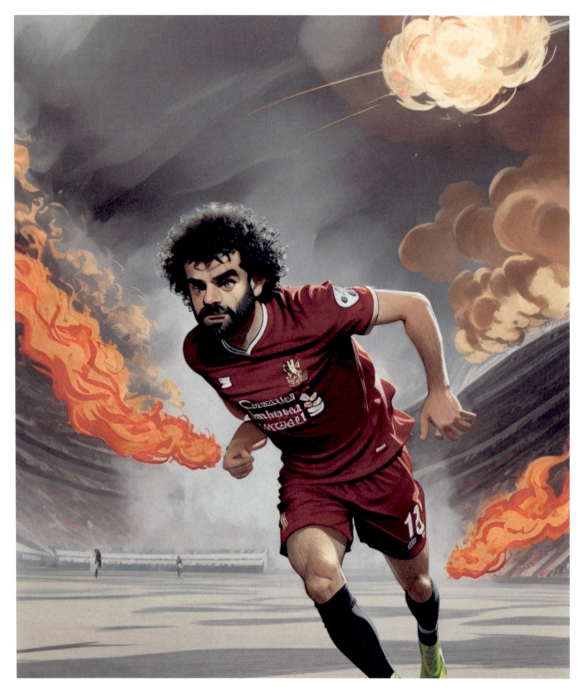

Tout d'abord, parlons de sa vitesse. Je veux dire, ce gars est comme un guépard là-bas ! Clignez des yeux, et il a déjà laissé les défenseurs sur place. Et une fois qu'il est face au but, vous pouvez être sûr qu'il va l'enfoncer dans le fond des filets.

Mais Salah ne se limite pas à la vitesse - il a aussi des compétences sérieuses. Qu'il dribble au-delà des défenseurs ou qu'il réussisse des gestes et des astuces audacieux, il a toujours quelque chose dans sa manche pour mettre la foule debout.

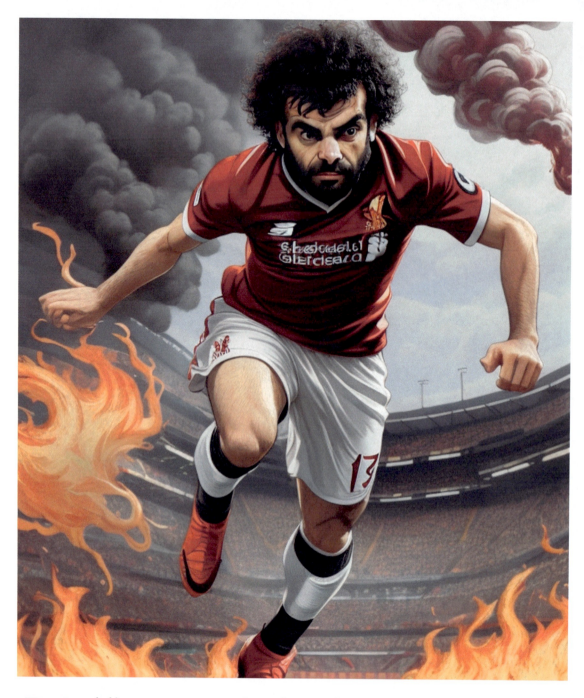

Et n'oublions pas son instinct de tueur devant le but. Quand Salah sent le sang, c'est comme un requin - implacable et incontrôlable. Il a accumulé plus de buts que vous ne pouvez en secouer un bâton, et il ne montre aucun signe de ralentissement.

La passion de Mo pour le football a commencé tôt, en jouant avec un ballon de fortune dans les rues de sa ville natale. Très vite, ses compétences ont attiré l'attention des recruteurs locaux, et boom, il est parti à toute vitesse, rejoignant l'académie de jeunes d'El Mokawloon SC.

À seulement 18 ans, Mo fait ses débuts professionnels pour El Mokawloon SC, et disons simplement que c'est une force à ne pas sous-estimer. Avec sa vitesse fulgurante, ses dribbles soyeux et son sens du but, il fait sensation dans la ville. Le suivant, il part en Suisse pour jouer pour Bâle, où il commence vraiment à attirer l'attention.

Mais c'est son transfert à Chelsea en 2014 qui met vraiment Mo sur la carte. Bien sûr, il a eu un peu de mal à s'adapter au jeu anglais au début, mais une fois qu'il a trouvé son rythme, personne ne pouvait l'arrêter. Sa prochaine étape ? L'AS Roma, où il devient une véritable superstar, déchirant la Serie A et laissant les défenseurs dans son sillage.

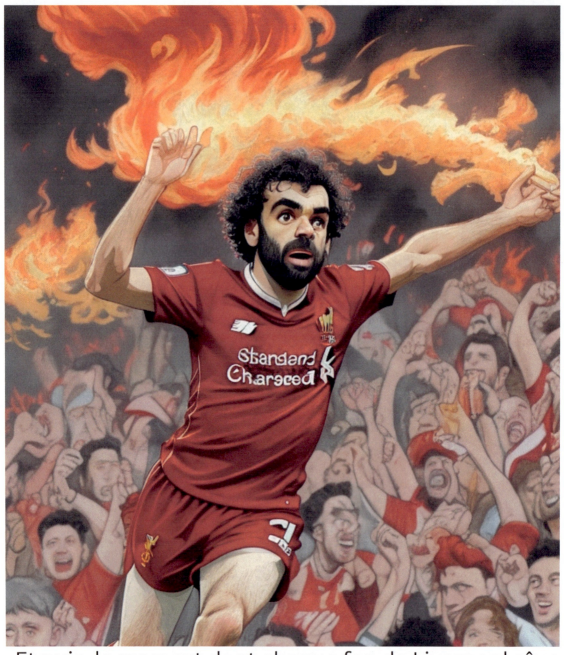

Et puis, le moment dont chaque fan de Liverpool rêve : Mo signe pour les Reds en 2017. À partir de ce jour-là, il est imbattable. Des buts, des records, des trophées - vous le nommez, il l'a fait. Et n'oublions pas cette victoire épique en Ligue des champions de l'UEFA en 2019 - Mo a joué un rôle majeur dans le retour de ce trophée à la maison.

En dehors du terrain, Salah est un véritable modèle. Il donne toujours à sa communauté et utilise sa plateforme pour diffuser positivité et sensibilisation. De plus, avez-vous vu le sourire de ce gars ? Il est contagieux !

Que ce soit en déchirant pour Liverpool ou en représentant l'Égypte sur la scène internationale, Salah est toujours un plaisir à regarder. Il n'est pas seulement un footballeur - c'est un héros, une inspiration, et une véritable légende du jeu. Continue à faire ce que tu fais, Mo ! En un mot, le parcours de Mo Salah des rues poussiéreuses de Nagrig aux projecteurs d'Anfield est digne des légendes. Avec son talent, sa détermination et son cœur en or, il n'est pas seulement un footballeur - il est une source d'inspiration pour des millions de personnes.

Ready to know more?

Erling Haaland

D'accord, parlons de la machine à marquer des buts, Erling Haaland ! Ce gars est une bête absolue sur le terrain, et il fait sensation dans le monde du football. Le monstre norvégien qui secoue le monde du football ! Imaginez ceci : nous sommes le 21 juillet 2000, à Leeds, en Angleterre, et une future légende du football voit le jour.

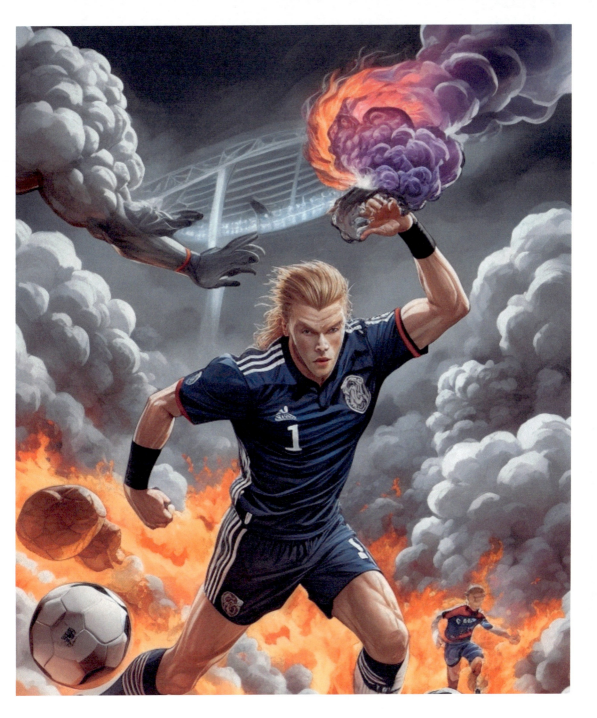

Tout d'abord, parlons de sa taille. Je veux dire, Haaland est construit comme un tank ! Grand et puissant, il est un cauchemar pour les défenseurs à gérer. Une fois lancé, rien ne peut l'arrêter.

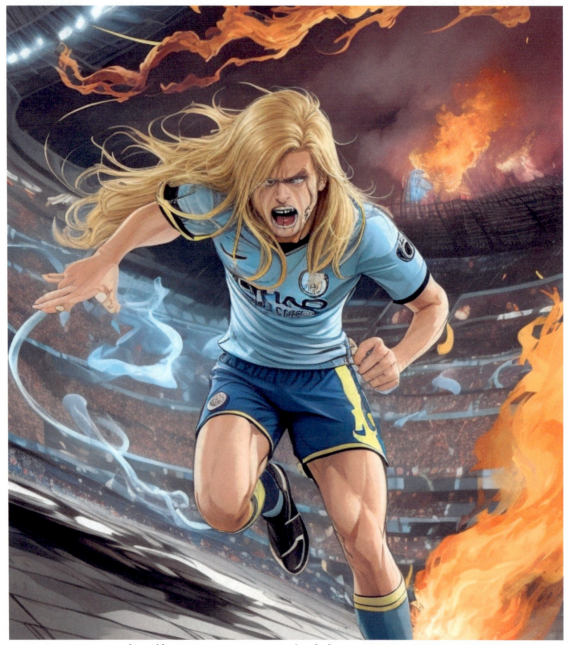

Et puis, il y a sa capacité à marquer - c'est incroyable ! Haaland a un vrai canon pour son pied droit, et il n'a pas peur de le déchaîner de n'importe où sur le terrain. Que ce soit une frappe tonitruante de l'extérieur de la surface ou une finition clinique dans les six mètres, il sait comment trouver le chemin des filets.

Mais ce qui distingue vraiment Haaland, c'est sa faim de buts. Ce gars est comme un prédateur sur le terrain, cherchant constamment des opportunités de marquer. Et quand il en trouve une, vous pouvez être sûr qu'il va l'enterrer avec autorité.

Avance rapide jusqu'en 2019, et Erling fait sensation au RB Salzbourg en Autriche. Des buts ? Il en marque à la pelle. Des triplés ? Juste un autre jour au bureau. Ses performances attirent l'attention des meilleurs clubs européens, et en 2020, il déménage à gros prix au Borussia Dortmund en Allemagne.

Et mon Dieu, est-ce qu'il démarre sur les chapeaux de roues ! Des buts, des buts et encore des buts - Erling est comme une tornade de buts déchirant les défenses de la Bundesliga. Il bat des records à gauche, à droite et au centre, et le monde du football en redemande.

Le transfert d'Erling Haaland au club en 2022 a été sensationnel à bien des égards. Non seulement il s'est adapté sans effort à la Premier League, mais il a également marqué des buts à tout va. En fait, la capacité de Haaland à marquer des buts l'a propulsé en tête du classement des buteurs de la Premier League, faisant de lui le meilleur buteur de la ligue. Sa capacité à trouver le chemin des filets avec une telle régularité a été un élément déterminant pour City, les propulsant vers de nouveaux sommets dans leur quête de trophées.

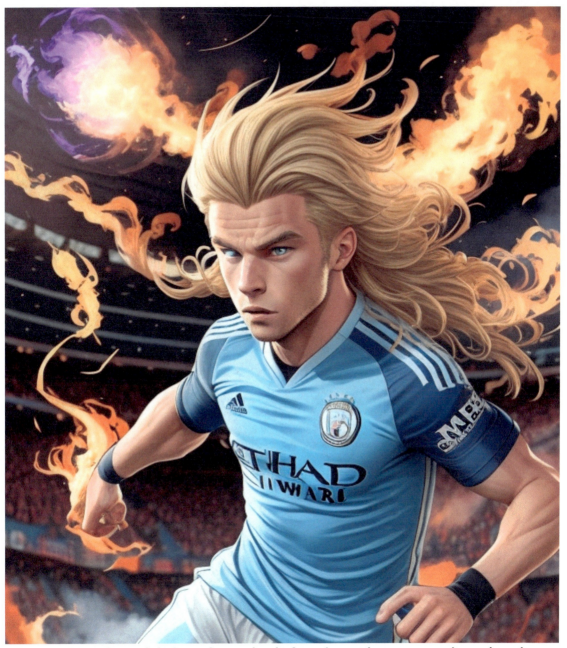

Avec Haaland à la tête de l'équipe, les espoirs de titre de Manchester City sont plus brillants que jamais. Sa finition mortelle, combinée au génie tactique de Guardiola, fait de City une force à prendre en compte tant dans les compétitions nationales qu'européennes. C'est une période excitante pour être un fan de City, c'est certain !

En dehors du terrain, Haaland est plutôt détendu. Il a cette coolitude scandinave en lui, mais ne vous laissez pas tromper - dès qu'il foule le terrain, c'est du sérieux.

Que ce soit en déchirant pour Manchester City ou en représentant la Norvège sur la scène internationale, Erling Haaland est une force à ne pas sous-estimer. Il n'est pas seulement un footballeur - c'est une machine à marquer des buts, une future légende et le prochain grand nom du football mondial. Attention, monde - Haaland arrive !

Neymar

D'accord, parlons de Neymar - la superstar brésilienne avec les compétences pour payer les factures ! Tout d'abord, Neymar a des mouvements à revendre. Je parle de gestes techniques, de dribbles éblouissants et de tours époustouflants qui laissent les défenseurs dans le vent. Sérieusement, le regarder jouer, c'est comme regarder de la poésie en mouvement. Né le 5 février 1992 à Mogi das Cruzes, au Brésil, le parcours de Neymar vers la gloire a commencé tôt dans les rues de sa ville natale.

Mais ce n'est pas seulement une question de style avec Neymar - le gars a aussi de la substance. Il a un œil pour le but aussi affûté qu'un rasoir, et il n'a pas peur d'affronter les défenseurs et de décocher un tir tonitruant dans le fond des filets.

Et n'oublions pas son flair. Neymar joue avec une certaine assurance qui lui est propre. Qu'il réussisse une passe sans regarder ou qu'il fasse un petit pont à un adversaire, il montre toujours ce flair brésilien avec éclat.

Neymar démarre son parcours très tôt, perfectionnant ses compétences dans les rues de sa ville natale. Il a ce talent brut qui attire les regards, attirant l'attention de l'académie de jeunes de Santos. Avance rapide un peu, et il illumine le terrain pour la première équipe de Santos, laissant les défenseurs dans son sillage.

Mais le vrai spectacle commence quand il s'envole pour Barcelone en 2013, rejoignant Messi et Suárez pour former le trio d'attaque le plus redoutable de l'histoire du football. Ensemble, ils sont une force de la nature, remportant des trophées à gauche et à droite, y compris la précieuse Ligue des champions.

Puis vient le transfert record au PSG en 2017, faisant la une en tant que transfert le plus cher de l'histoire. Neymar ne déçoit pas, éblouissant les fans avec ses gestes et astuces caractéristiques, et aidant le PSG à dominer la ligue française.

Bien sûr, nous ne pouvons pas oublier ses exploits pour l'équipe nationale brésilienne. Neymar est le héros, menant son pays à la gloire lors de la Coupe des Confédérations et faisant sensation lors de la Coupe du Monde.

En dehors du terrain, Neymar est aussi un peu un personnage. Il est connu pour son style flamboyant et sa personnalité hors du commun, et il fait toujours les gros titres pour une raison ou une autre. Mais au fond, c'est juste un gars qui aime jouer au football et divertir les fans.

Neymar est un véritable artiste et un plaisir à regarder. Qu'on l'aime ou qu'on le déteste, on ne peut pas nier qu'il est l'un des joueurs les plus talentueux à avoir jamais honoré le beau jeu.

Robert Lewandowski

Parlons de Robert Lewandowski - la machine à marquer des buts de Pologne ! Ce gars est une véritable bête sur le terrain. Je parle d'un attaquant qui peut marquer des buts de la tête, de ses pieds, même avec son petit orteil s'il le fallait !

Quand Lewandowski est sur le terrain, vous pouvez parier que la défense adverse tremble dans ses bottes. Né le 21 août 1988 à Varsovie, en Pologne, le parcours de Lewandowski vers la superstardom du football a commencé avec un ballon à ses pieds et des rêves dans ses yeux. Depuis ces premiers jours à jouer au ballon dans les rues, il est devenu l'un des attaquants les plus redoutables du jeu.

Mais ce n'est pas seulement sa capacité à marquer des buts qui le rend spécial. Lewandowski a une éthique de travail et une détermination incroyables qui sont inégalées. Il est toujours le premier sur le terrain d'entraînement et le dernier à partir, mettant des heures supplémentaires pour perfectionner son art et devenir le meilleur.

Et parlons de sa voracité pour les buts. Ce gars est comme un requin devant le filet - dès qu'il sent le sang, il se jette pour marquer. Que ce soit une touche de près ou un tir puissant de l'extérieur de la surface, Lewandowski sait comment trouver le fond des filets.

La carrière professionnelle de Lewandowski a débuté en Pologne, où il s'est fait un nom grâce à sa capacité à marquer et à sa finition clinique. Mais c'est son transfert au Borussia Dortmund en 2010 qui l'a vraiment mis sur la carte. À Dortmund, il est devenu une machine à marquer des buts, terrorisant les défenses et menant le club à plusieurs titres, dont des titres consécutifs en Bundesliga et une mémorable course jusqu'à la finale de la Ligue des champions de l'UEFA en 2013.

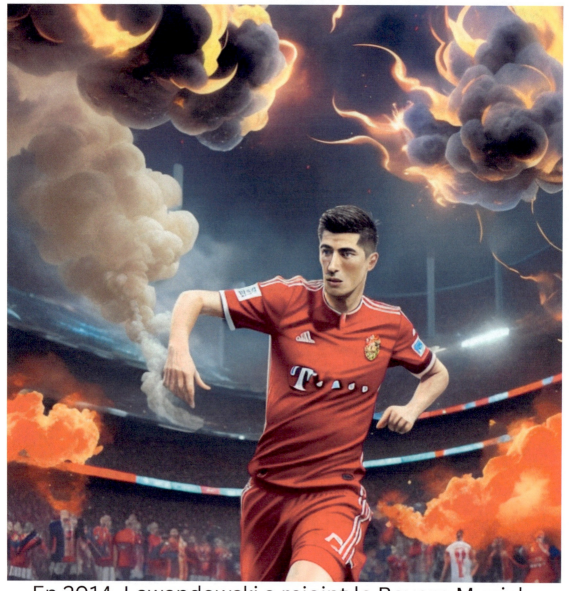

En 2014, Lewandowski a rejoint le Bayern Munich, où il a poursuivi ses exploits en matière de buts avec encore plus de succès. Son passage au Bayern a été tout simplement légendaire, car il a pulvérisé des records, remporté d'innombrables trophées et s'est imposé comme l'un des meilleurs attaquants du monde. Des titres de Bundesliga aux triomphes en Ligue des champions de l'UEFA, Lewandowski a tout

Le transfert de Robert Lewandowski au FC Barcelone en 2022 a marqué un moment significatif dans l'histoire du football. En tant qu'un des attaquants les plus prolifiques au monde, le transfert de Lewandowski au club emblématique espagnol a suscité une excitation parmi les fans et les experts du football.

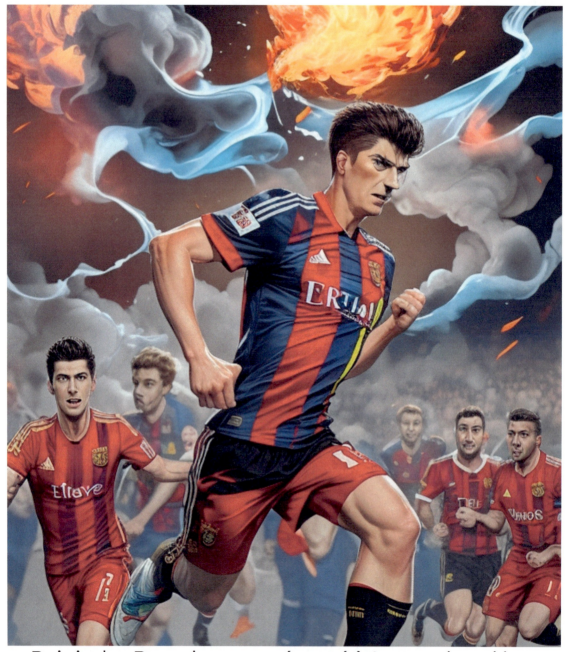

Rejoindre Barcelone a présenté à Lewandowski un nouveau défi et une opportunité de montrer son talent exceptionnel sur l'une des plus grandes scènes du football. Son arrivée au Camp Nou a été accueillie avec une grande anticipation, les supporters attendant avec impatience son impact sur les fortunes de l'équipe.

Robert Lewandowski est une force à ne pas sous-estimer. C'est une véritable machine à marquer des buts et une légende du jeu. Alors qu'il continue d'illuminer le monde du football avec ses buts et ses réalisations, il ne fait aucun doute qu'il entrera dans l'histoire comme l'un des plus grands

Luka Modrić

Luka Modric, le maestro croate du milieu de terrain, est aussi fluide sur le terrain qu'en dehors. Avec ses passes précises et sa vision incroyable, il est comme le chef d'orchestre d'un orchestre de football, orchestrant chaque mouvement avec finesse. Né le 9 septembre 1985 à Zadar, en Croatie, le parcours de Modrić vers la gloire du football a commencé dès son plus jeune âge, jouant dans les rues de sa ville natale.

Ce qui distingue Modric, c'est sa capacité à contrôler le tempo du jeu. Il est comme un marionnettiste, tirant les ficelles depuis le cœur du milieu de terrain et dictant le déroulement du jeu avec une grâce sans effort. Sa vision est inégalée, choisissant constamment ses coéquipiers avec des passes précises qui ouvrent les défenses.

Le talent exceptionnel de Modrić était évident dès le départ, attirant l'attention des recruteurs locaux et lui valant une place dans l'académie de jeunes du Dinamo Zagreb, l'un des meilleurs clubs de Croatie. Il a rapidement grimpé les échelons, montrant ses compétences et sa détermination sur le terrain.

En 2008, Modrić a rejoint la Premier League anglaise en signant avec Tottenham Hotspur, où il s'est épanoui en tant que l'un des milieux de terrain les plus remarquables de la ligue. Ses performances lui ont valu une reconnaissance généralisée et ont attiré l'attention des meilleurs clubs européens.

En 2012, Modrić a réalisé un rêve en rejoignant le Real Madrid, l'un des clubs les plus prestigieux au monde. Au Real Madrid, il est devenu le cœur du milieu de terrain de l'équipe, orchestrant le jeu avec sa gamme exceptionnelle de passes et son intelligence tactique. Modrić a joué un rôle clé dans la domination du Real Madrid tant sur le plan national qu'en Europe, remportant de nombreux titres de La Liga et des trophées de la Ligue des champions de l'UEFA.

Le moment culminant de Modrić est survenu en 2018 lorsqu'il a mené l'équipe nationale croate en finale de la Coupe du Monde de la FIFA, démontrant son leadership et ses compétences sur la plus grande scène. Malgré la défaite de la Croatie en finale, les performances de Modrić lui ont valu le prix du Ballon d'Or en tant que meilleur joueur du tournoi.

Qu'il orchestre le milieu de terrain pour le Real Madrid en Liga ou qu'il mène la charge de la Croatie lors de compétitions internationales telles que le Championnat d'Europe de l'UEFA ou la Coupe du Monde de la FIFA, Modric est toujours à la hauteur. Son éthique de travail infatigable, associée à son talent exceptionnel, fait de lui une véritable icône du beau jeu.

En résumé, le parcours de Luka Modrić des rues de Zadar au sommet du football mondial témoigne de son talent exceptionnel et de sa détermination sans relâche. En tant que l'un des meilleurs milieux de terrain de sa génération, le héritage de Modrić perdurera pendant de nombreuses années, inspirant les futures générations de footballeurs.

Karim Benzema

Karim Benzema, le maestro du football français, est comme de la poésie en mouvement sur le terrain. Avec ses mouvements fluides, sa dextérité éclair et son instinct meurtrier devant le but, il est un cauchemar pour les défenseurs et un régal pour les fans. Né le 19 décembre 1987 à Lyon, en France, le parcours de Benzema vers la gloire du football a commencé dès son plus jeune âge, jouant dans les rues de son quartier.

Né et élevé à Lyon, le parcours de Benzema vers la gloire du football est digne des légendes. Il est le genre de joueur capable de changer le cours d'un match en un seul geste, laissant ses adversaires sur place et les spectateurs ébahis.

Depuis ses débuts à Lyon jusqu'à son règne au Real Madrid, Benzema a toujours offert des performances époustouflantes. Il n'est pas seulement une machine à marquer des buts ; il est un maître du beau jeu, tissant sa magie sur le terrain et gagnant les cœurs du monde entier.

Le talent naturel de Benzema a attiré l'attention des recruteurs, ce qui l'a conduit à s'inscrire à l'académie de jeunes de l'Olympique Lyonnais, l'un des meilleurs clubs de France. Il a rapidement gravi les échelons, montrant sa capacité à marquer des buts et sa maîtrise technique. En 2004, Benzema a fait ses débuts professionnels à Lyon, où il a connu un énorme succès, remportant plusieurs titres de Ligue 1 et se forgeant une réputation en tant que l'un des jeunes talents les plus prometteurs en Europe. Ses performances ont attiré l'intérêt des meilleurs clubs à travers le continent.

En 2009, Benzema a effectué un transfert très médiatisé au Real Madrid, rejoignant les rangs de l'un des clubs les plus illustres de l'histoire du football. Au Real Madrid, il s'est imposé comme un buteur prolifique et une figure clé de l'attaque de l'équipe, formant des partenariats redoutables avec des joueurs comme Cristiano Ronaldo et Gareth Bale.

La capacité de Benzema à marquer des buts de différentes manières, associée à sa vision du jeu et à sa capacité à créer des liens, en a fait un favori des fans au Real Madrid. Il a joué un rôle crucial dans le succès du club, remportant plusieurs titres de La Liga et des trophées de la Ligue des champions de l'UEFA.

Malgré les défis rencontrés sur et en dehors du terrain tout au long de sa carrière, Benzema est resté concentré et déterminé, recevant des éloges pour son professionnalisme et son dévouement à son métier. Il continue d'être un joueur essentiel à la fois pour le Real Madrid et l'équipe nationale française, montrant son talent sur les plus grandes scènes du football.

En juin 2023, Karim Benzema a réalisé un transfert significatif vers Al-Ittihad, un club éminent de la Saudi Professional League. Ce transfert a marqué un nouveau chapitre dans la carrière de Benzema, alors qu'il se lançait dans un nouveau défi dans le championnat saoudien. Rejoindre Al-Ittihad a offert à Benzema l'opportunité de mettre en valeur ses talents dans un nouvel environnement footballistique et de contribuer au succès de sa nouvelle équipe. Son arrivée a suscité l'excitation parmi les fans et a élevé les attentes quant aux performances d'Al-Ittihad dans les compétitions nationales et internationales.

Karim Benzema donne toujours le meilleur de lui-même. Il est bien plus qu'un simple footballeur ; c'est une légende vivante qui continue d'inspirer une nouvelle génération de joueurs par son talent, son style et sa brillance indéniable. En résumé, le parcours de Karim Benzema, de Lyon au Real Madrid, est une preuve de son talent exceptionnel, de son travail acharné et de sa persévérance. En tant que l'un des attaquants les plus accomplis de sa génération, le legs de Benzema dans le football est assuré, et il restera dans les mémoires comme une véritable icône du sport.

Prêt pour la suite ?

Harry Kane

L'attaquant anglais, est une force à prendre en compte sur le terrain de football. Avec sa précision redoutable et sa finition imparable, il s'est forgé une réputation de l'un des meilleurs attaquants au monde. Le 28 juillet 1993, à Walthamstow, Londres, un futur légende du football prend son premier souffle.

La montée de Kane au statut de superstar du football est rien de moins que remarquable. C'est le genre de joueur qui peut changer le cours d'un match d'un seul coup, laissant les défenseurs perplexes et les fans en demandant plus.

Depuis ses débuts dans l'académie de jeunes de Tottenham jusqu'à ses performances record en Premier League, Kane a prouvé maintes et maintes fois qu'il était authentique. Il n'est pas seulement un footballeur ; c'est un héros local qui continue d'inspirer les fans sur et en dehors du terrain.

La passion de Harry pour le football débute tôt, alimentée par le rêve de réussir dans ce magnifique sport. Malgré avoir été remercié par le centre de formation d'Arsenal à l'âge de huit ans, il ne se laisse pas abattre par ce revers. Au lieu de cela, il retrousse ses manches, se remet sur pied et se dirige directement vers l'académie de Tottenham Hotspur à l'âge de 11 ans.

Nous voilà en 2014-2015, et Harry est prêt à laisser son empreinte sur la grande scène. Avec sa finition redoutable, ses mouvements astucieux et un flair pour les buts, il devient rapidement l'homme principal de Tottenham. Boot d'or après Boot d'or, Harry est en feu en Premier League. Mais ce n'est pas seulement une question de buts. Il est un leader sur le terrain, portant le brassard de capitaine à la fois en club et en sélection nationale, et ralliant ses coéquipiers avec sa passion et sa détermination.

Boot d'Or après Boot d'Or, Harry est en feu en Premier League. Mais ce n'est pas seulement une question de buts. Il est un leader sur le terrain, portant le brassard de capitaine à la fois en club et en sélection nationale, et galvanisant ses coéquipiers avec sa passion et sa détermination.

Après des années de service loyal à Tottenham Hotspur, Harry Kane a décidé qu'il était temps pour un nouveau défi. Alors que des rumeurs tournoyaient dans le monde du football concernant son départ potentiel, les fans retenaient leur souffle à l'approche du mercato. Puis, dans un mouvement qui a secoué le sport, le Bayern Munich est intervenu pour sécuriser la signature de Harry. Les géants allemands voyaient en Kane le maillon manquant dans leur quête de gloire nationale et européenne, et ils n'ont pas lésiné sur les moyens pour le faire venir à bord.

Harry Kane donne toujours le meilleur de lui-même. Il est une véritable légende du jeu et un exemple éclatant de ce que le travail acharné, la dévotion et l'amour pour le sport peuvent accomplir. Le parcours de Harry Kane, de jeune local à superstar mondiale, est un véritable conte de fées. Avec son talent, sa détermination et son enthousiasme contagieux, il ne se contente pas de marquer des buts - il gagne des cœurs et inspire la prochaine génération de footballeurs en chemin.

Kevin De Bruyne

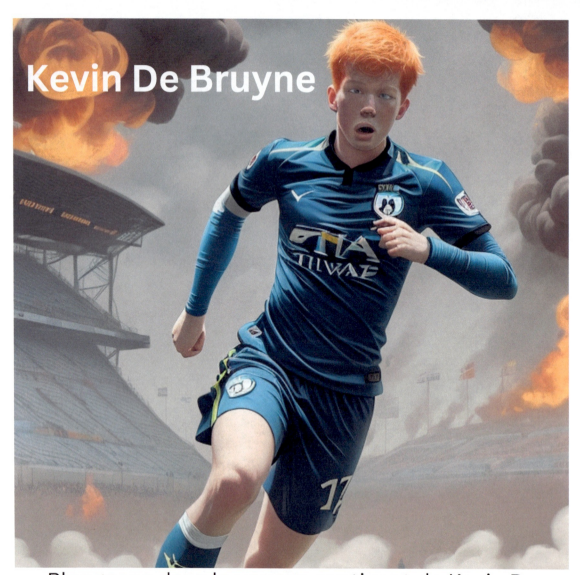

Plongeons dans le voyage captivant de Kevin De Bruyne, un maître du milieu de terrain qui a laissé une marque indélébile sur le monde du football avec son talent exceptionnel et sa polyvalence. Originaire de Drongen, en Belgique, Kevin De Bruyne était destiné à la grandeur dès son plus jeune âge. Né le 28 juin 1991, son parcours footballistique a commencé dans les rues de sa ville natale, où il a perfectionné ses compétences et développé sa compréhension innée du jeu.

Né en Belgique, le parcours de De Bruyne vers le sommet du football mondial est rien de moins qu'inspirant. Il a la vision d'un aigle, la précision d'un chirurgien et la créativité d'un artiste. Quand il a le ballon, tout est possible.

Les compétences de tir de Kevin sont également légendaires. Qu'il décoche un tir puissant de l'extérieur de la surface de réparation ou qu'il pique délicatement le ballon au-dessus du gardien, il sait comment trouver le chemin des filets avec style. Son incroyable précision et ses tirs puissants font de lui une menace constante pour les gardiens adverses.

Mais ce ne sont pas seulement ses passes et ses tirs qui distinguent Kevin. Il est également un maître dans le contrôle du tempo du jeu, dictant le jeu avec ses mouvements intelligents et sa réflexion rapide. Ses compétences en dribble lui permettent de glisser facilement devant les défenseurs, les laissant dans son sillage lorsqu'il fonce vers le but.

La montée en puissance de De Bruyne a été météorique, attirant l'attention des recruteurs avec sa vision remarquable, ses passes précises et sa précision redoutable sur coups de pied arrêtés. Son éclosion s'est produite à Genk, où il a démontré son talent dans la Belgian Pro League, obtenant des critiques élogieuses et attirant l'intérêt des meilleurs clubs à travers l'Europe.

En 2012, De Bruyne a fait le saut en Premier League en rejoignant Chelsea FC avec de grandes attentes. Bien que son temps à Chelsea ait été marqué par des opportunités limitées, il a montré des éclats de son immense potentiel et a attiré l'attention des entraîneurs et des fans.

C'est à Wolfsburg que De Bruyne a réellement prospéré, s'établissant comme l'un des acteurs phares de la Bundesliga. Ses performances dynamiques au milieu de terrain lui ont valu une reconnaissance généralisée, car il a démontré sa capacité à dicter le tempo du jeu et à déverrouiller les défenses adverses avec ses passes précises et son intelligence de jeu hors du ballon.

En 2015, Manchester City a fait appel à De Bruyne, sécurisant ses services dans un transfert record pour le club. Dès son arrivée au stade Etihad, il a eu un impact immédiat, devenant le pivot du milieu de terrain de Pep Guardiola et jouant un rôle crucial dans le succès domestique et européen de City. La liste des récompenses individuelles de De Bruyne a rapidement augmenté, alors qu'il a été nominé pour le Ballon d'Or et a consolidé son statut de l'un des meilleurs milieux de terrain du monde. Sa capacité à contrôler les matchs, à fournir des passes décisives et à marquer des buts cruciaux l'a rendu indispensable à Manchester City et favori des fidèles de l'Etihad.

En bref, Kevin De Bruyne est le package complet en matière de talent footballistique. Qu'il crée des occasions pour ses coéquipiers ou marque lui-même des buts spectaculaires, il trouve toujours un moyen de faire une différence dans le jeu.

Vinicius Junior

Plongeons dans l'excitante aventure de Vinicius Junior, une sensation du football brésilien qui a conquis le cœur des fans du monde entier avec sa vitesse électrisante, ses dribbles habiles et son talent pour marquer des buts cruciaux. Originaire de São Gonçalo, au Brésil, Vinicius Junior est né le 12 juillet 2000 avec une passion pour le football qui coulait dans ses veines. Dès son plus jeune âge, il a montré son talent prodigieux dans les rues de sa ville natale, éblouissant les spectateurs avec son flair et sa créativité.

Depuis lors, Vinicius s'est fait un nom en tant que l'un des jeunes talents les plus excitants du football. Il a fait ses débuts pour le Real Madrid en 2018 et est depuis devenu un joueur clé à la fois pour le club et pour son pays. Avec sa vitesse fulgurante, son dribble éblouissant et son sens du but, Vinicius continue d'impressionner les fans et les experts avec ses performances sur le terrain.

L'ascension de Vinicius Junior a commencé à l'académie de jeunes du Flamengo, l'un des clubs de football les plus renommés du Brésil. Il n'a pas fallu longtemps pour qu'il se fasse remarquer, attirant l'attention des recruteurs avec son talent brut et son audace sur le ballon.

En 2017, Vinicius Junior a fait ses débuts professionnels pour Flamengo à seulement 16 ans, devenant ainsi le plus jeune buteur de l'histoire illustre du club. Son ascension rapide s'est poursuivie, s'établissant rapidement comme l'un des jeunes talents les plus excitants du football brésilien.

En 2018, le Real Madrid a fait appel à Vinicius Junior, sécurisant ses services dans un transfert de premier plan. Le passage dans la capitale espagnole a marqué un nouveau chapitre dans sa carrière, alors qu'il enfilait le maillot blanc emblématique des Los Blancos et rejoignait une pléiade d'étoiles du football au Santiago Bernabéu.

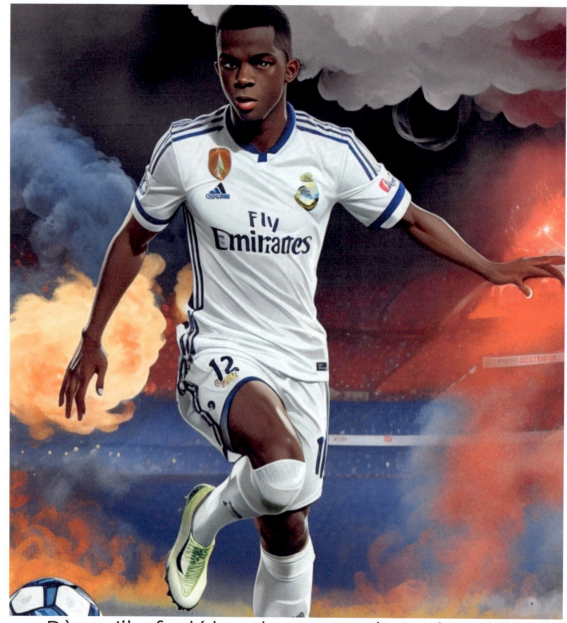

Dès qu'il a foulé la pelouse pour le Real Madrid, Vinicius Junior a montré son immense potentiel, tourmentant les défenseurs avec sa vitesse fulgurante et ses dribbles soyeux. Sa capacité à défier les adversaires en un contre un et à créer des occasions de but l'a rendu cher au cœur des supporters et lui a valu une place régulière dans le onze de départ.

À mesure que sa confiance grandissait, Vinicius Junior a commencé à briller dans les moments cruciaux, marquant des buts importants tant en compétitions nationales qu'en compétitions européennes. Sa capacité à répondre présent et à apporter des contributions décisives ont consolidé son statut de l'un des plus grands talents du Real Madrid.

Alors qu'il continue de peaufiner ses compétences et d'acquérir de l'expérience au Real Madrid, Vinicius reste un modèle pour les jeunes footballeurs aspirants du monde entier. Son parcours rappelle que avec du travail acharné, de la détermination et un peu de chance, tout est possible.

Dans l'ensemble, la combinaison de la vitesse, des compétences en dribble, de la créativité et de la capacité à marquer de Vinicius Junior en font un talent véritablement redoutable sur le terrain de football. Alors qu'il continue de développer et de peaufiner son jeu, on ne sait pas jusqu'où il peut aller dans le monde du football.

Thibaut Courtois

Plongeons dans la fascinante carrière de Thibaut Courtois, le gardien de but belge imposant connu pour ses capacités exceptionnelles à arrêter les tirs, sa présence dominante dans la surface de réparation et ses réflexes impressionnants. Né le 11 mai 1992 à Bree, en Belgique, Courtois a montré un talent naturel pour le goal dès son plus jeune âge. Avec sa taille imposante, il a rapidement attiré l'attention des recruteurs et a commencé son parcours dans le football professionnel à l'académie de jeunes de Genk, un club belge réputé pour son développement de talents.

Thibaut Courtois est renommé pour ses compétences exceptionnelles en tant que gardien de but et sa présence imposante dans le monde du football. Mesurant 6 pieds 6 pouces, il commande sa surface de réparation avec autorité et confiance, ce qui en fait un adversaire redoutable pour les attaquants.

Courtois a débuté sa carrière professionnelle à un jeune âge, faisant ses débuts pour Genk en 2009 en Belgique à seulement 17 ans avant d'attirer l'attention des meilleurs clubs à travers l'Europe. Ses performances impressionnantes ont conduit à un transfert à Chelsea en 2011, où il s'est imposé comme l'un des meilleurs gardiens de but de la Premier League.

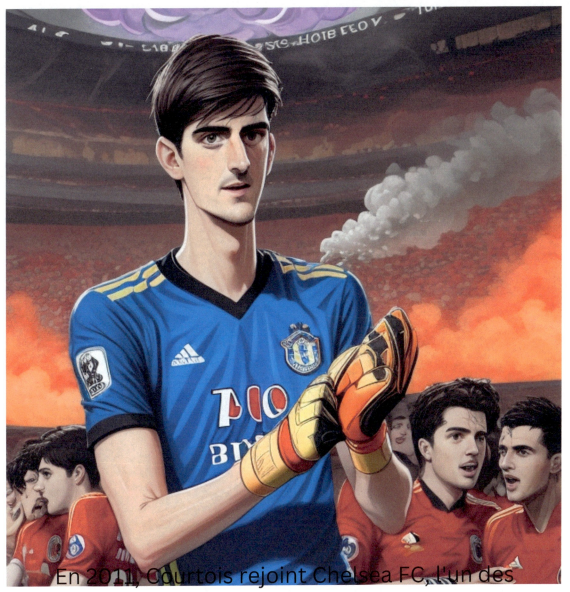

En 2011, Courtois rejoint Chelsea FC, l'un des meilleurs clubs d'Angleterre. Pendant son séjour à Chelsea, Courtois remporte de nombreux titres nationaux et internationaux, dont deux titres de Premier League et le prestigieux prix du Golden Glove pour le meilleur gardien de but de la ligue. Son agilité, ses capacités d'arrêt de tirs et son autorité dans la surface lui ont valu une acclamation généralisée de la part des fans et des experts.

Courtois a été immédiatement prêté à l'Atlético Madrid, un mouvement qui se révélerait crucial dans sa carrière. Pendant son séjour à l'Atlético, Courtois a prospéré sous la direction de l'entraîneur Diego Simeone, s'imposant comme l'un des meilleurs gardiens de but du monde et jouant un rôle clé dans le succès du club, y compris leur remarquable triomphe en Liga en 2014. Les performances de Courtois en Espagne ont attiré l'attention de Chelsea, et il est revenu au club londonien en 2014 en tant que gardien de but incontesté de l'équipe.

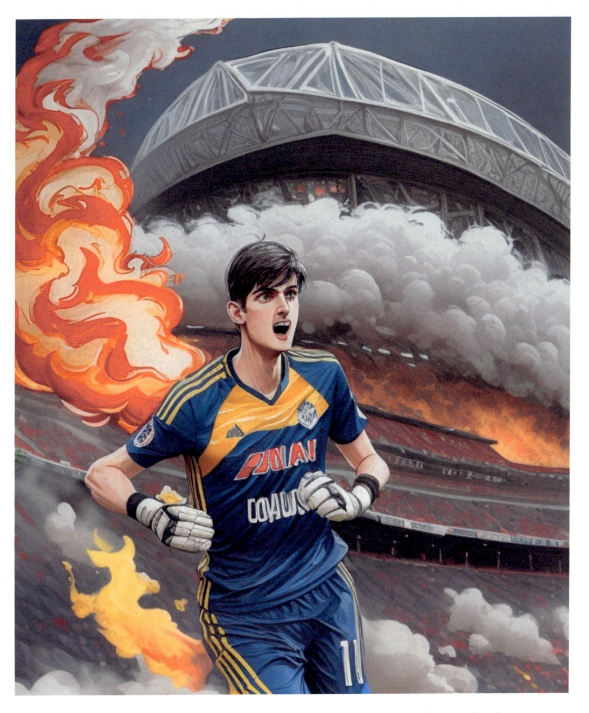

En 2018, Courtois a effectué un transfert de haut niveau au Real Madrid, où il a continué à exceller entre les poteaux. Il a joué un rôle clé dans les succès du Real Madrid, aidant l'équipe à remporter les titres de La Liga et de la Ligue des champions.

Se tenant droit entre les poteaux, la présence imposante de Courtois et sa capacité à effectuer des arrêts cruciaux lui ont valu l'admiration des fans et des experts. Sa remarquable constance et son calme sous pression font de lui une force redoutable dans la défense de n'importe quelle équipe.

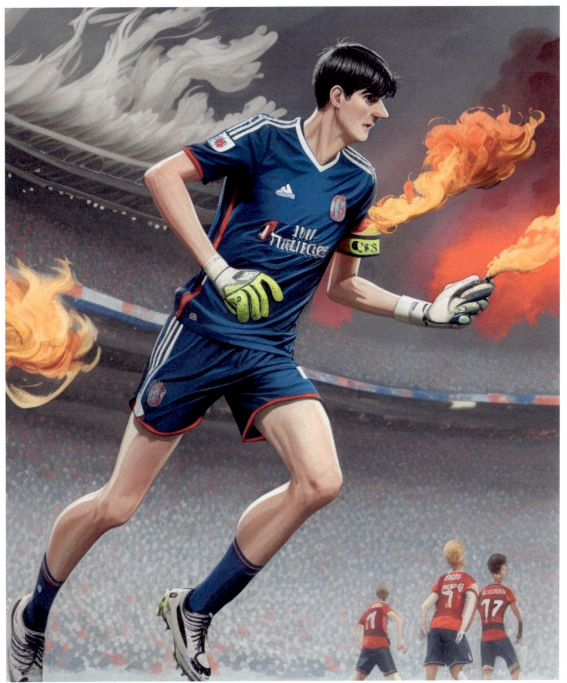

Dans l'ensemble, Thibaut Courtois est non seulement admiré pour son talent de gardien de but, mais aussi pour sa constance, sa résilience et son engagement envers l'excellence, ce qui en fait l'un des gardiens de but les plus redoutables au monde.

Virgil van Dijk

Virgil van Dijk est une figure imposante dans le monde du football, à la fois littéralement et métaphoriquement. Mesurant 6 pieds 4 pouces de haut, le défenseur néerlandais possède une présence physique imposante qui inspire la crainte aux attaquants adverses.

Né à Breda, aux Pays-Bas, van Dijk a débuté sa carrière professionnelle à Groningen avant de partir pour le Celtic en Écosse, puis à Southampton en Premier League anglaise. Cependant, c'est son transfert à Liverpool en 2018 qui l'a véritablement propulsé sur le devant de la scène mondiale.

Van Dijk s'est rapidement imposé comme l'un des meilleurs défenseurs du monde, reconnu pour ses qualités défensives exceptionnelles, sa puissance aérienne et son leadership sur le terrain. Son calme sous pression, son positionnement impeccable et sa capacité à lire le jeu lui ont valu une admiration généralisée de la part des fans, de ses coéquipiers et des experts du football.

Pendant son passage à Liverpool, van Dijk a joué un rôle crucial dans le succès de l'équipe, les aidant à remporter la Premier League, la Ligue des champions, la Supercoupe de l'UEFA et la Coupe du monde des clubs de la FIFA. Ses performances lui ont valu de nombreux prix individuels, notamment les prix du Joueur de l'année de la PFA et du Joueur de l'année de l'UEFA.

Malheureusement, van Dijk a subi une grave blessure au genou en 2020 qui l'a écarté des terrains pendant plusieurs mois. Cependant, sa détermination et sa résilience l'ont aidé à effectuer un retour remarquable, réaffirmant ainsi son statut de l'un des meilleurs défenseurs du football mondial.

En résumé, l'impact de Virgil van Dijk sur le jeu dépasse largement ses capacités défensives. Il est un leader, un modèle et un symbole d'excellence, admiré par les supporters et respecté par les adversaires à travers le monde.

Eden Hazard

Eden Hazard est un footballeur belge largement considéré comme l'un des joueurs les plus talentueux et habiles de sa génération. Né le 7 janvier 1991 à La Louvière, en Belgique, Hazard a débuté sa carrière professionnelle à un jeune âge, gravissant les échelons du club français Lille OSC avant de se faire un nom sur la scène internationale.

Connu pour son exceptionnelle capacité de dribble, son contrôle serré du ballon et sa vision sur le terrain, Hazard est souvent loué pour son agilité, sa créativité et son style. Il est capable de contourner les défenseurs avec une facilité déconcertante et de créer des opportunités de marquer pour lui-même et ses coéquipiers.

En 2012, Hazard a réalisé un transfert très médiatisé vers Chelsea FC en Premier League anglaise, où il a connu un immense succès pendant son séjour au club. Il a joué un rôle clé dans les triomphes de Chelsea, remportant plusieurs titres de Premier League, FA Cups et la Ligue Europa de l'UEFA.

Les performances d'Hazard à Chelsea lui ont valu une reconnaissance généralisée et de nombreux prix individuels, notamment le Joueur de l'année de la PFA et le Footballeur de l'année de la FWA. Son impact sur le terrain était indéniable, avec sa capacité à influencer les matchs et à produire des moments de génie qui en ont fait le chouchou des fans.

En 2019, Hazard a réalisé un rêve de toute une vie en rejoignant le Real Madrid, l'un des clubs les plus prestigieux du football mondial. Bien que les blessures aient entravé son temps chez les géants espagnols, Hazard continue de montrer son immense talent chaque fois qu'il foule le terrain.

En résumé, Eden Hazard est bien plus qu'un simple footballeur ; il est un symbole de talent, de créativité et de détermination. Que ce soit en portant les couleurs de Chelsea, du Real Madrid ou de l'équipe nationale belge, Hazard continue de captiver les spectateurs avec ses prestations envoûtantes et sa capacité à illuminer le terrain.

Son Heung-min

Dans la ville animée de Chuncheon, en Corée du Sud, le 8 juillet 1992, un jeune garçon nommé Son Heung-min rêvait de gloire footballistique. De jouer au ballon dans les rues avec ses amis à perfectionner ses compétences dans les équipes de jeunes locales, la passion de Son pour le beau jeu brillait dès son plus jeune âge.

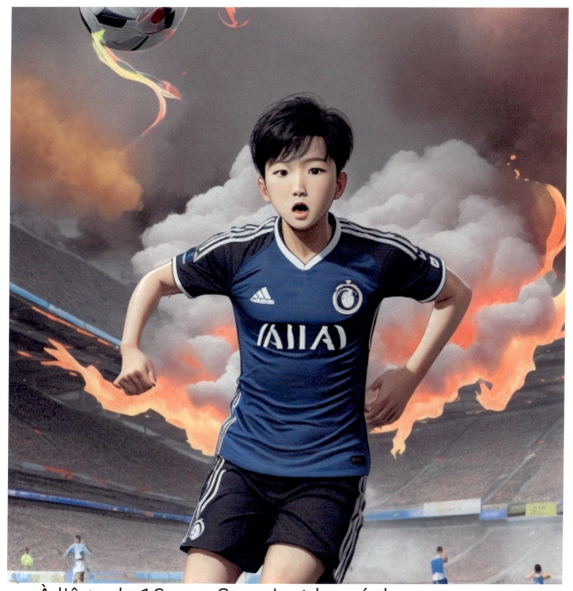

À l'âge de 16 ans, Son s'est lancé dans un voyage qui allait changer sa vie en se rendant en Allemagne pour rejoindre l'académie de jeunes du Hamburger SV. Loin de chez lui mais animé par l'ambition, il a embrassé les défis de s'adapter à une nouvelle culture et à un nouvel environnement footballistique. Avec détermination et talent, Son a rapidement attiré l'attention des entraîneurs et des recruteurs.

En 2013, la montée fulgurante de Son a continué lorsqu'il a fait le saut au Bayer Leverkusen en Bundesliga. C'est là qu'il s'est réellement révélé sur la scène européenne, éblouissant les fans avec sa vitesse électrisante, sa finition clinique et son éthique de travail inébranlable. L'étoile de Son était en pleine ascension, et le monde du football a pris note.

Le temps de Son à Tottenham a été un véritable manège d'émotions, avec des hauts et des bas. Des moments de gloire inoubliables aux revers déchirants, il a vécu toute la palette d'émotions que le football peut offrir. Malgré tout, la résilience et la détermination de Son ont brillé de mille feux, inspirant ses coéquipiers et les fans.

Sur la scène internationale, Son a fièrement représenté la Corée du Sud, arborant avec fierté le maillot rouge emblématique. De l'effervescence de la Coupe du Monde de la FIFA à l'intensité de la Coupe d'Asie de l'AFC, il a porté les espoirs d'une nation sur ses épaules, démontrant son immense talent et son engagement indéfectible envers son pays.

Son Heung-min possède un ensemble remarquable de compétences qui en font un joueur exceptionnel sur le terrain de football. Son agilité et sa vitesse lui permettent de se déplacer facilement devant les défenseurs, tandis que sa capacité de dribble fascine les fans et frustre les adversaires. La précision de Son dans le tir en fait un finisseur redoutable, capable de marquer des buts de différents angles et distances. De plus, sa vision et sa créativité lui permettent de fournir des passes décisives cruciales, créant des opportunités de marquer pour ses coéquipiers.

Alors que Son Heung-min continue d'éblouir les spectateurs avec son talent et sa passion pour le jeu, son parcours témoigne de la puissance de la persévérance, de la dédication et de la confiance en soi. À chaque pas en avant, il consolide sa place dans l'histoire du football, laissant une empreinte indélébile sur le sport qu'il aime.

Alisson Becker

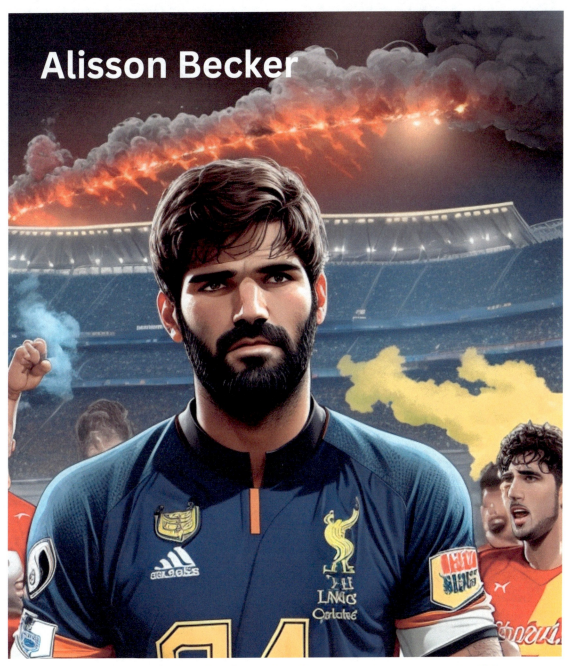

Dans le monde du football, peu de noms brillent aussi intensément qu'Alisson Becker. Né le 2 octobre 1992 à Novo Hamburgo, au Brésil, Alisson a grandi avec une passion pour le beau jeu qui l'a propulsé à devenir l'un des gardiens de but les plus célèbres de sa génération.

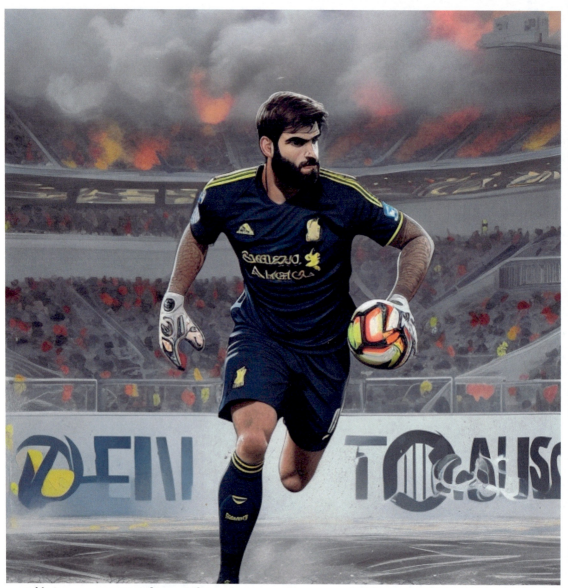

Alisson est réputé pour son exceptionnelle capacité à arrêter les tirs. Il possède des réflexes ultra-rapides, ce qui lui permet de réagir rapidement aux tirs à bout portant et de réaliser des arrêts cruciaux. Mesurant 6 pieds 4 pouces (193 cm), Alisson commande sa surface de réparation avec autorité. Il est dominant dans les airs, s'emparant avec confiance des centres et des ballons hauts pour soulager la pression sur sa défense.

Alisson n'est pas seulement un arrêteur de tirs ; il est également doué pour initier des actions offensives avec sa distribution précise. Que ce soit en lançant rapidement le ballon pour lancer une contre-attaque ou en trouvant une passe précise pour initier une construction depuis l'arrière, sa capacité à distribuer le ballon efficacement ajoute une dimension supplémentaire au jeu de son équipe.

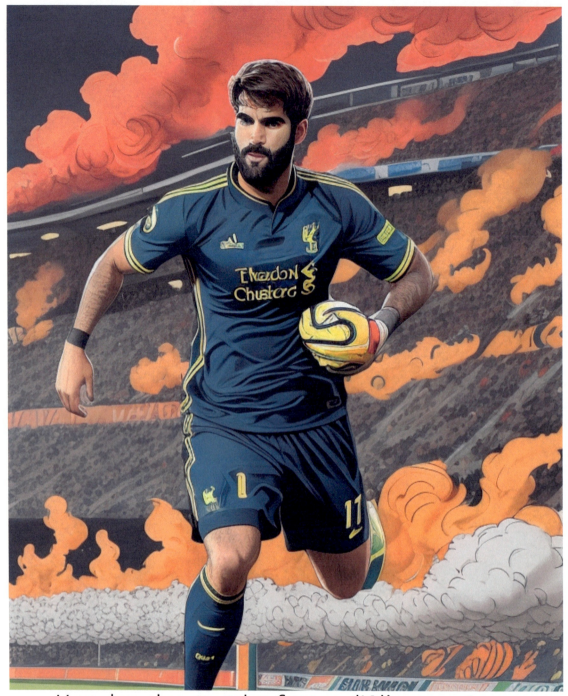

Une des plus grandes forces d'Alisson est son positionnement. Il anticipe les mouvements des joueurs adverses et se place bien pour réduire l'angle et se rendre imposant lorsqu'il est confronté à des situations en face-à-face avec les attaquants.

Les transferts de club d'Alisson Becker ont été remarquables pour leur impact à la fois sur sa carrière et sur les équipes impliquées. L'un des transferts les plus significatifs dans la carrière d'Alisson est survenu en 2016 lorsqu'il a rejoint l'AS Roma en provenance de l'Internacional. Ce mouvement a marqué sa transition du football brésilien à la compétition européenne et lui a fourni une plateforme pour montrer son talent sur une scène plus large.

Les performances impressionnantes d'Alisson à l'AS Roma ont attiré l'attention des meilleurs clubs d'Europe, ce qui a conduit à son transfert très médiatisé au Liverpool FC en 2018. Ce transfert, qui en a fait l'un des gardiens les plus chers de l'histoire à l'époque, a marqué l'ambition de Liverpool de renforcer son effectif et de concourir pour des titres nationaux et internationaux.

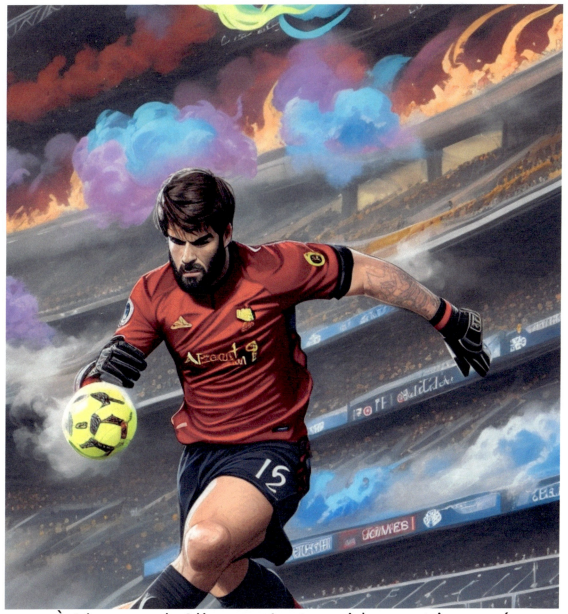

À Liverpool, Alisson s'est rapidement imposé comme un pilier du succès de l'équipe, jouant un rôle essentiel dans leur triomphe en Ligue des champions de l'UEFA en 2019 et dans leur victoire en Premier League en 2020. Sa présence imposante, sa capacité à arrêter les tirs et ses qualités de leadership l'ont rendu indispensable aux aspirations du club pour les trophées.

Dans l'ensemble, Alisson Becker n'est pas seulement un gardien de but ; c'est une figure clé dans le succès de son équipe, alliant une capacité exceptionnelle à arrêter les tirs avec d'excellentes compétences en distribution et des qualités de leadership sur le terrain.

Bernardo Silva

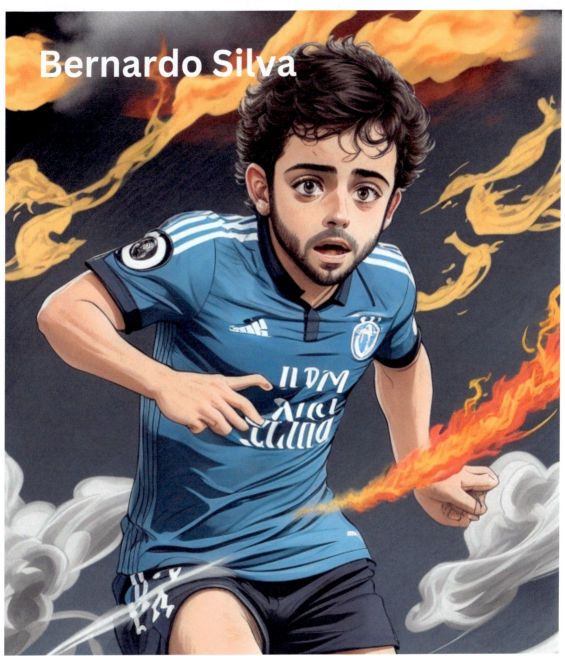

Bernardo Silva, un milieu de terrain polyvalent reconnu pour sa maîtrise technique et sa créativité sur le terrain, a captivé l'attention des fans de football du monde entier avec son style de jeu dynamique. Plongeons dans le parcours de ce maestro portugais et son impact sur le paysage footballistique.

Né le 10 août 1994 à Lisbonne, au Portugal, Bernardo Silva a commencé son parcours footballistique à l'académie de jeunes du Benfica, l'un des clubs les plus renommés du Portugal. Son talent et sa détermination ont rapidement attiré l'attention des recruteurs, lui valant une place dans l'équipe première du Benfica en 2013.

Au Benfica, Bernardo Silva a démontré ses talents exceptionnels de dribbleur, sa vision du jeu et ses capacités de construction, s'établissant rapidement comme l'un des jeunes talents les plus prometteurs du football portugais. Ses performances ont attiré l'intérêt des grands clubs européens, ce qui a conduit à son transfert à l'AS Monaco en 2014.

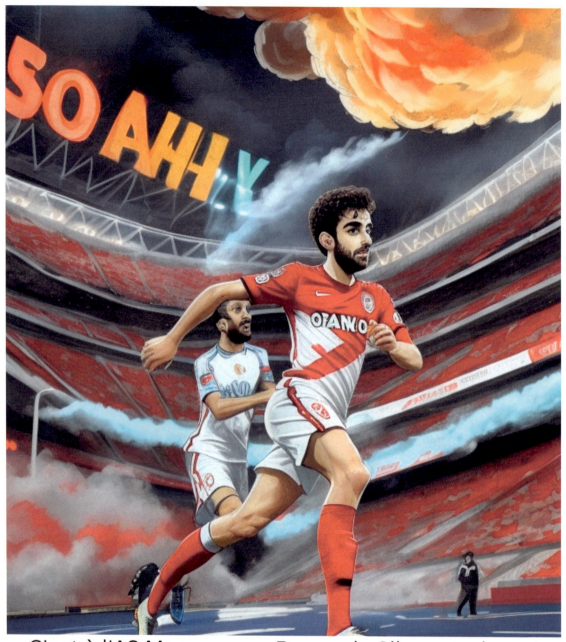

C'est à l'AS Monaco que Bernardo Silva a vraiment excellé, jouant un rôle crucial dans le succès remarquable du club tant sur le plan national que dans les compétitions européennes. Sa capacité à contrôler le milieu de terrain, à créer des occasions de but et à contribuer défensivement en a fait un joueur exceptionnel pour Monaco.

Pendant son séjour à Monaco, Bernardo Silva a joué un rôle crucial en guidant l'équipe vers le titre de Ligue 1 lors de la saison 2016-2017, démontrant ses qualités de leadership et sa mentalité de gagnant. Ses performances lui ont également valu des distinctions individuelles et une reconnaissance en tant que l'un des jeunes talents les plus prometteurs d'Europe.

En 2017, Bernardo Silva a réalisé un transfert très médiatisé vers Manchester City, rejoignant les rangs d'un des meilleurs clubs d'Angleterre. À Manchester City, il a continué à afficher ses compétences exceptionnelles, s'intégrant parfaitement au style de jeu basé sur la possession de l'équipe sous la direction de l'entraîneur Pep Guardiola.

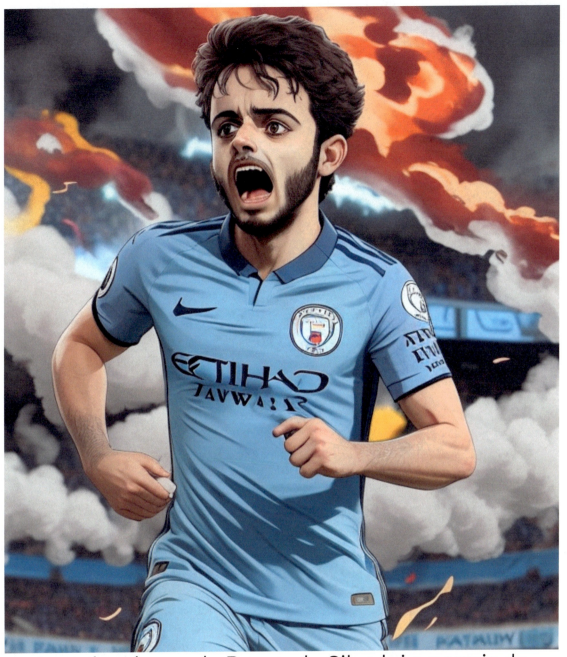

La polyvalence de Bernardo Silva lui a permis de briller dans différents rôles au milieu de terrain, contribuant à la fois offensivement et défensivement au succès de Manchester City. Sa capacité à évoluer entre les postes, à créer des occasions de but et à dicter le tempo du jeu en a fait un élément essentiel de l'équipe.

Tout au long de sa carrière, Bernardo Silva a représenté avec distinction l'équipe nationale portugaise, jouant un rôle clé dans leur triomphe lors de la Ligue des Nations de l'UEFA en 2019 et recevant des éloges pour ses performances sur la scène internationale.

En résumé, le parcours de Bernardo Silva, de Benfica à l'AS Monaco, puis finalement à Manchester City, témoigne de son talent, de son travail acharné et de sa détermination à réussir au plus haut niveau. Avec son ensemble de compétences et son intelligence footballistique, Bernardo Silva continue d'éblouir le public et de laisser une impression durable sur le beau jeu.

Sergio Ramos

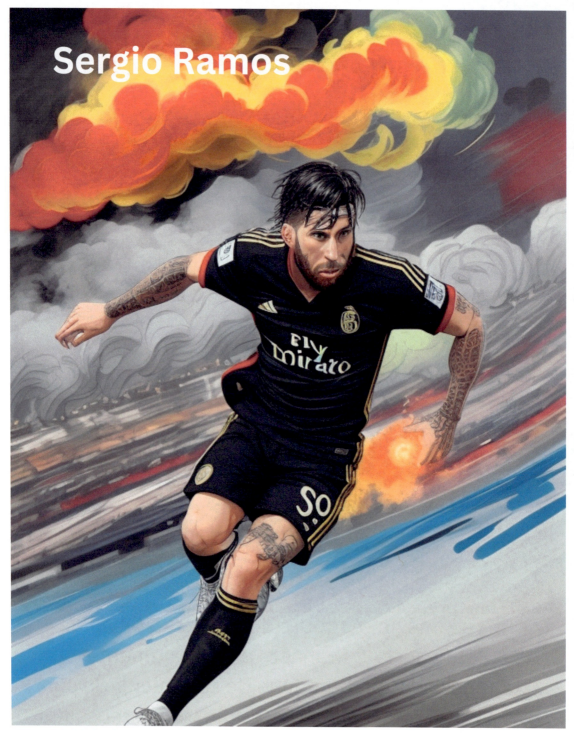

D'accord, parlons de Sergio Ramos, la puissance du football espagnol ! Né le 30 mars 1986 à Camas, en Espagne, ce mec est une légende sur le terrain.

Sergio a lancé sa carrière professionnelle avec le FC Séville, où il s'est rapidement imposé comme l'un des meilleurs jeunes défenseurs espagnols. Ses compétences n'ont pas échappé aux observateurs, et assez rapidement, il a décroché une place au Real Madrid, l'un des plus grands clubs au monde.

Au Real Madrid, Sergio est devenu le pilier solide de la défense. Avec ses tacles solides, ses têtes imposantes et son sens du jeu, il a aidé son équipe à remporter de nombreux trophées, dont des titres de la Liga et la gloire en Ligue des champions de l'UEFA.

Mais ce n'est pas seulement sa défense qui le distingue. Sergio dégage aussi une aura de leadership. C'est le genre de joueur que vous voulez comme capitaine, menant la charge sur le terrain et inspirant ses coéquipiers à la grandeur. Et mon dieu, sait-il marquer des buts quand cela compte !

Avec une victoire en Coupe du Monde de la FIFA en 2010 et quelques championnats d'Europe de l'UEFA à son actif, Sergio a certainement marqué de son empreinte la scène internationale aussi.

Tout au long de sa carrière illustre, Sergio Ramos a confirmé son statut de l'un des plus grands défenseurs de tous les temps, recevant des éloges pour son talent, son dévouement et son impact sur le jeu de football. Son héritage en tant qu'icône véritable du football est assuré, et il sera considéré comme une légende du sport pour les générations à venir.

Luis Suárez

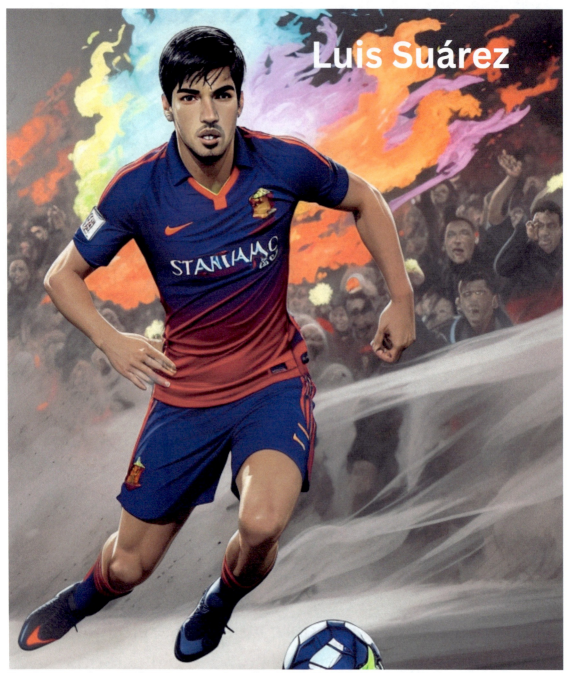

Luis Suárez est un footballeur professionnel uruguayen hautement respecté, connu pour son exceptionnel talent de buteur et sa polyvalence sur le terrain. Né le 24 janvier 1987 à Salto, en Uruguay, Suárez a connu une carrière réussie en jouant pour des clubs de premier plan à travers le monde.

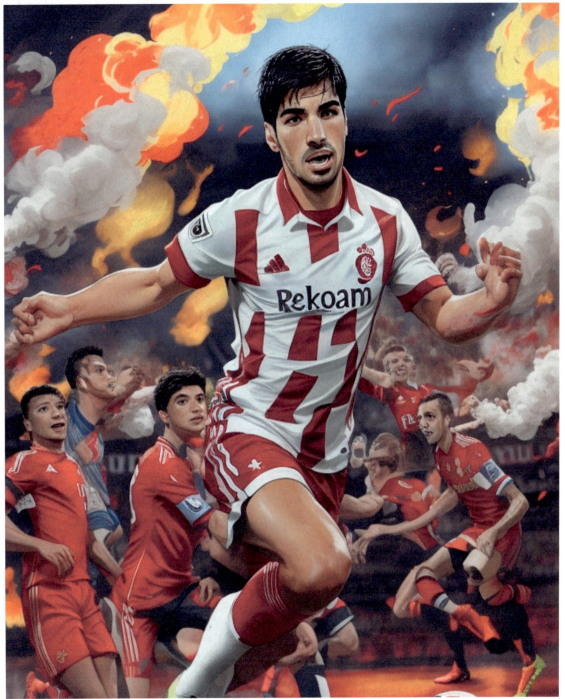

Luis s'est fait un nom à l'Ajax, où il était comme une machine à marquer des buts mélangée à un peu de magie. Ses compétences ont attiré l'attention de Liverpool, et en 2011, il a fait ses bagages et est parti pour la Premier League anglaise.

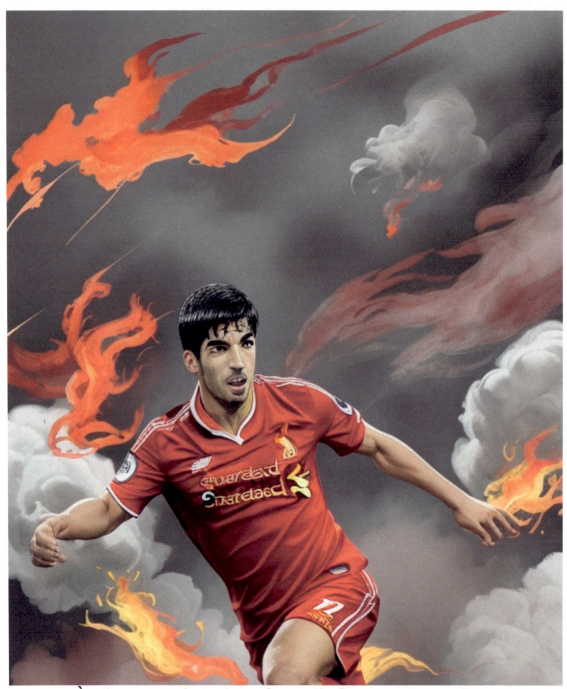

À Liverpool, Luis a formé des partenariats redoutables et est rapidement devenu le chouchou des supporters. Avec sa technique élaborée, ses buts décisifs et son énergie inépuisable, il a fait vibrer les tribunes et a fait trembler ses adversaires.

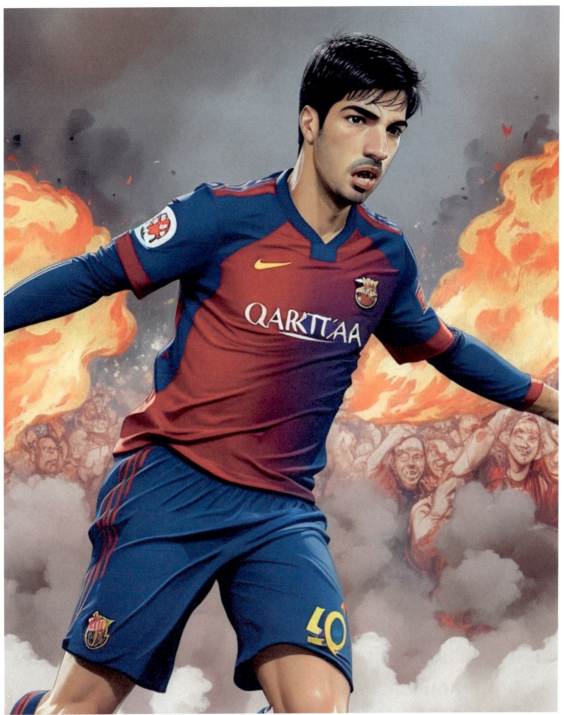

Ensuite, il a déménagé à Barcelone en 2014, où il a uni ses forces à celles de Messi et Neymar pour former l'équipe de rêve ultime. Ils étaient imbattables, remportant des trophées à gauche et à droite.

Suárez fait sensation avec Barcelone lorsque soudain, un nouveau chapitre se profile. Il part pour les arènes enflammées de la Liga, rejoignant les forces de l'Atlético Madrid en 2020. Le transfert envoie des ondes de choc à travers le monde du football, mais Suárez s'épanouit dans les rayures rouges et blanches, libérant ses instincts de buteur létaux pour mener l'attaque de l'Atlético.

En 2023, Suárez est prêt pour une nouvelle aventure. Cette fois, il met le cap sur les rivages ensoleillés de Miami, rejoignant les rangs de l'Inter Miami FC en Major League Soccer. C'est un nouveau départ pour l'attaquant uruguayen, apportant sa passion et son calme caractéristiques à la scène du football dynamique des États-Unis. À chaque mouvement, Suárez prouve que l'âge n'est qu'un nombre, continuant à éblouir les fans avec son talent pour marquer des buts et sa détermination inébranlable. Qu'il déchire les terrains d'Europe ou illumine les stades d'Amérique, le parcours de Suárez est un témoignage de son esprit indomptable et de son amour durable pour le beau jeu.

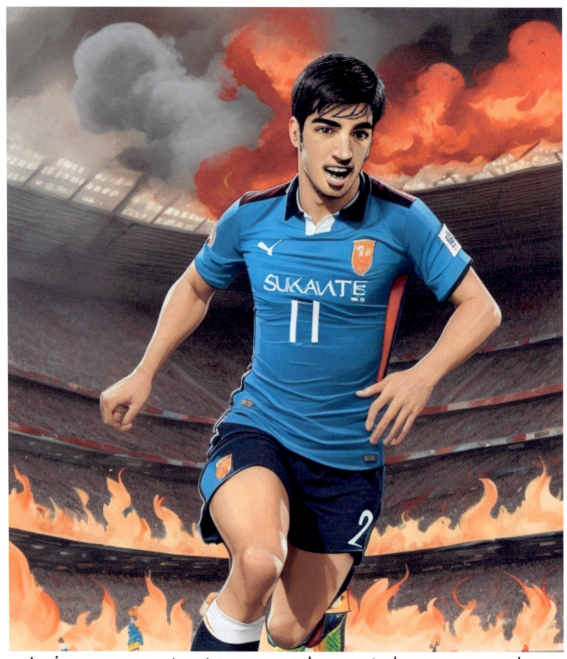

Luis ne se contente pas seulement de marquer des buts - il les marque avec style. Que ce soit une puce astucieuse, une tête de balle fulgurante ou un tir puissant de l'extérieur de la surface, il a tout dans son arsenal. Et n'oublions pas son équipe nationale - représentant l'Uruguay à la Coupe du Monde de la FIFA et montrant au monde de quoi il est capable.

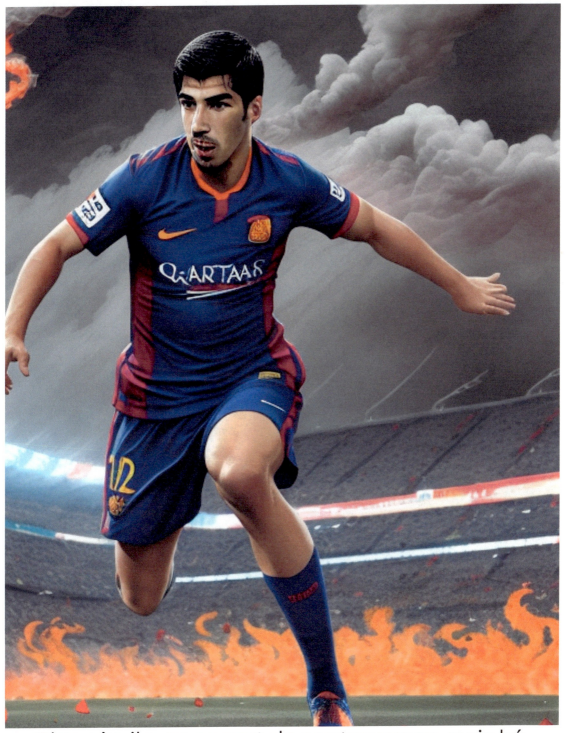

Bien sûr, il a eu sa part de controverses, mais hé, c'est aussi ça le jeu. À la fin de la journée, Luis Suárez est une légende du football, aimée par les fans et redoutée par les défenseurs partout.

Gareth Bale

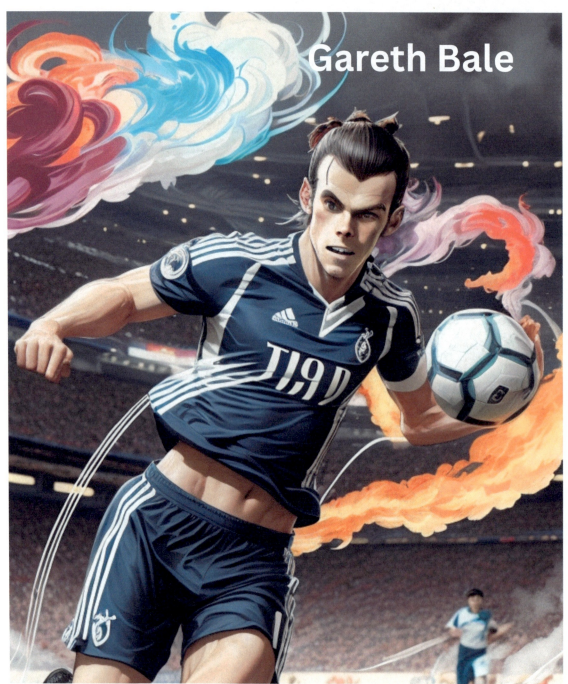

Découvrons le monde de Gareth Bale, le magicien gallois du football qui incarne la vitesse, la puissance et la polyvalence sur le terrain. Imaginez ceci : nous sommes le 16 juillet 1989 à Cardiff, au Pays de Galles, et un jeune Bale est prêt à secouer le monde du football.

En commençant son parcours professionnel à Southampton, Bale était comme un éclair attirant l'attention des recruteurs des grands clubs. Avançons rapidement jusqu'en 2007, et il étale son talent à Tottenham Hotspur, devenant le sujet de conversation avec ses gestes spectaculaires et ses buts à couper le souffle.

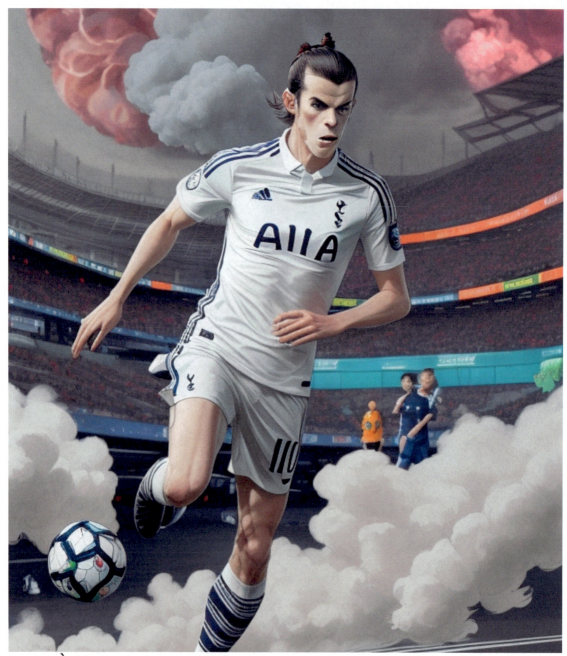

À Tottenham, Bale est comme un pétard sur le terrain, remportant des prix à gauche et à droite, y compris le prestigieux PFA Players' Player of the Year et le FWA Footballer of the Year. Avec sa vitesse à la Usain Bolt, son dribble fluide et son talent pour marquer des buts à des kilomètres, il est le spectacle ultime.

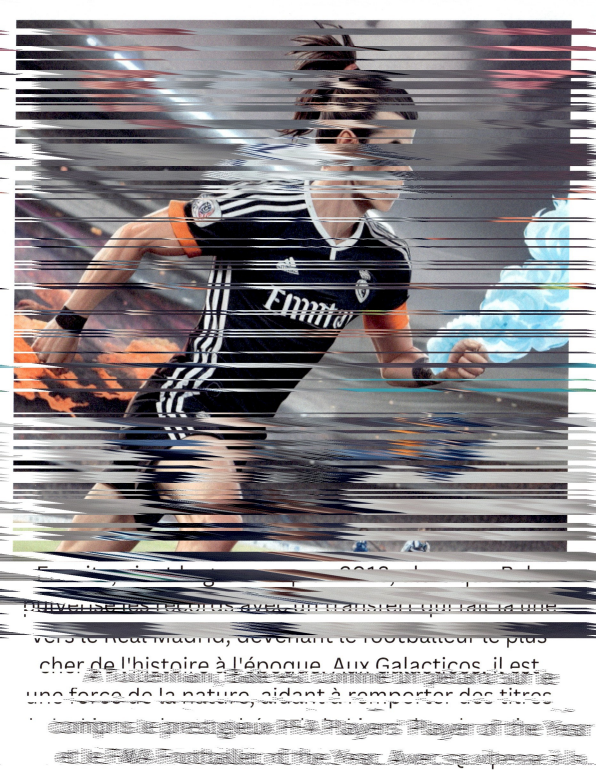

En été, juin et août .... 2013, ... Bale
pulvérise les records avec un transfert qui fait la une
vers le Real Madrid, devenant le footballeur le plus
cher de l'histoire à l'époque. Aux Galacticos, il est
une force de la nature, aidant à remporter des titres
.... compris le prestigieux .... Player of the Year
et le FIFA Footballer of the Year. Avec .... ils
oublier ce but épique en bicyclette lors de la finale
de la Ligue des champions 2018 ? Parlez d'une
légende :

Mais Bale n'est pas seulement une bête sur le terrain ; il est aussi un guerrier gallois pour son équipe nationale, déchirant le terrain lors des tournois de l'UEFA Euro et de la Coupe du monde de la FIFA. Il est le meilleur buteur du Pays de Galles, menant son équipe à la gloire avec sa touche magique.

À travers les hauts et les bas, Bale a gravé son nom parmi les meilleurs du football, laissant un héritage qui sera rappelé pendant des années. Il est plus qu'un simple joueur ; c'est une véritable icône du football.

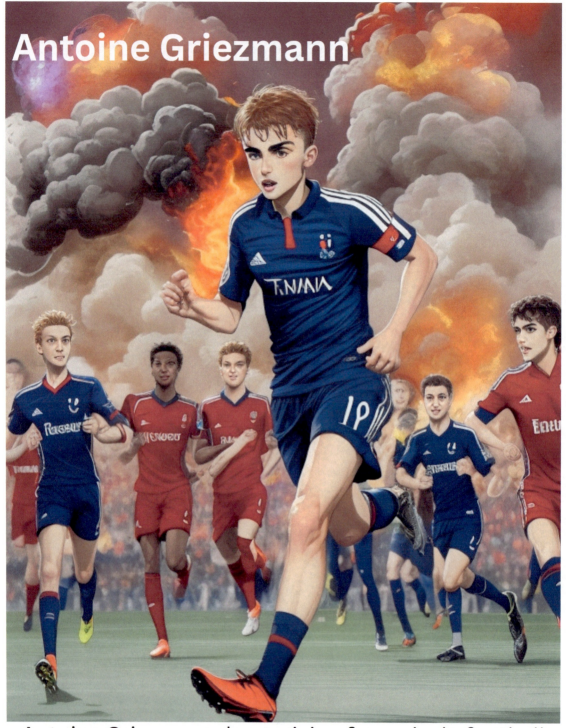

Antoine Griezmann, le magicien français du football qui conquiert le monde. Imaginez ceci : nous sommes le 21 mars 1991, à Mâcon, en France, et une future légende du football voit le jour.

Dès le début, Antoine montre qu'il a ce quelque chose d'exceptionnel. Il dribble autour des enfants deux fois plus grands que lui, attirant l'attention des recruteurs à gauche et à droite. À 14 ans, il décroche une place dans l'équipe de jeunes de la Real Sociedad, prêt à affronter les grandes ligues.

En 2009, Antoine fait ses débuts seniors pour la Real Sociedad, lançant ce qui allait être une aventure incroyable. Son passage là-bas ? De la pure magie. Avec sa vitesse fulgurante, ses dribbles élaborés et un flair pour le but, il laisse les défenseurs sur place et les fans en redemandent.

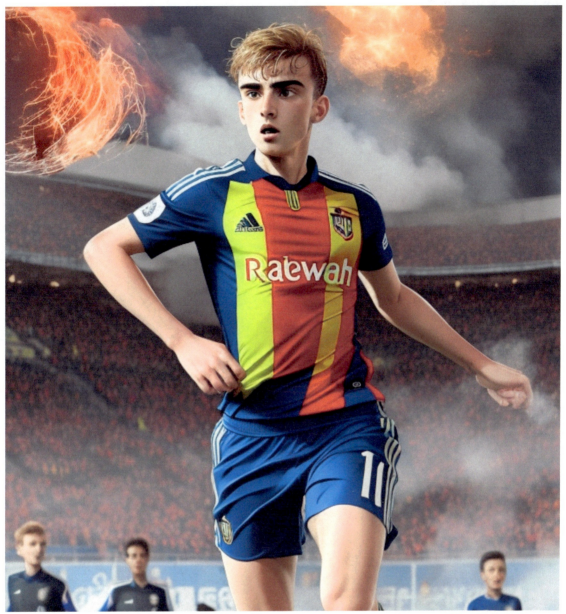

Mais attendez, ça devient encore mieux. En 2014, Antoine part pour l'Atlético Madrid, rejoignant certaines des meilleures équipes d'Espagne. Et mon Dieu, il s'intègre parfaitement. Il déchire la Liga, formant des partenariats redoutables et menant l'Atlético à la gloire, y compris un triomphe en Ligue Europa de l'UEFA qui le met sous les feux de la rampe.

Ensuite vient le grand déménagement en 2019 - le FC Barcelone l'appelle, et Antoine est partant. Au Barça, il est comme un couteau suisse, tranchant à travers les défenses et mettant en place des buts comme si c'était du gâteau. Sa polyvalence et son intelligence sur le terrain font de lui une force à ne pas sous-estimer.

Et n'oublions pas son statut de héros national. Antoine brille pour la France, jouant un rôle de premier plan dans leur victoire à la Coupe du Monde de la FIFA 2018. Quand la pression est forte, c'est l'homme que vous voulez avec le ballon à ses pieds, faisant des miracles.

En résumé, le parcours d'Antoine Griezmann, de prodige français à superstar mondiale, est un véritable conte de fées de talent, de travail acharné et de briller sur les plus grandes scènes. Avec son talent, son flair et son don pour le spectaculaire, Antoine laisse une empreinte indélébile sur le beau jeu, un but à la fois.

Jude Bellingham

Donc, il y a ce garçon, né le 29 juin 2003 à Stourbridge, en Angleterre. Son nom ? Jude Bellingham. Le football est pratiquement dans son ADN, et il montre ses mouvements pratiquement dès qu'il peut marcher.

À sept ans déjà, Jude attire déjà les regards à l'académie de jeunes du Birmingham City FC. Avançons rapidement jusqu'en 2019, et il bat des records à gauche et à droite, devenant le plus jeune joueur de l'équipe première de Birmingham City. Ce gamin a des compétences pour des jours - pensez à une agilité des pieds ultra-rapide, des passes décisives mortelles et un taux de travail qui met la honte aux professionnels chevronnés.

Mais attendez, l'histoire ne fait que commencer. En 2020, le Borussia Dortmund l'appelle et Jude part en Allemagne pour rejoindre les grands championnats. Et devinez quoi ? Il ne se contente pas de suivre le rythme - il l'écrase. Qu'il domine le milieu de terrain, brise les jeux comme un vétéran expérimenté, ou marque des buts décisifs, Jude incarne la définition d'une étoile montante.

Le Real Madrid, l'un des plus grands clubs de la planète, frappe à la porte, et il répond : "Inscrivez-moi !" L'accord est conclu, et soudainement, Jude échange son chez-soi à Dortmund contre une place sous le soleil espagnol.

Maintenant, vous pourriez penser qu'un déménagement vers une puissance comme le Real Madrid pourrait ébranler un gars, mais pas Jude. Non, il prend tout cela avec calme, démarre sur les chapeaux de roues et montre aux Madridistas de quoi il est fait. Avec son travail acharné caractéristique, ses passes décisives et cette attitude de ne jamais abandonner, il gagne déjà les cœurs et les esprits dans la capitale espagnole.

Avec son mélange de compétences, de détermination et de sagesse au-delà de son âge, Jude trace un chemin vers la grandeur, inspirant toute une nouvelle génération de joueurs de football en cours de route.

Casemiro

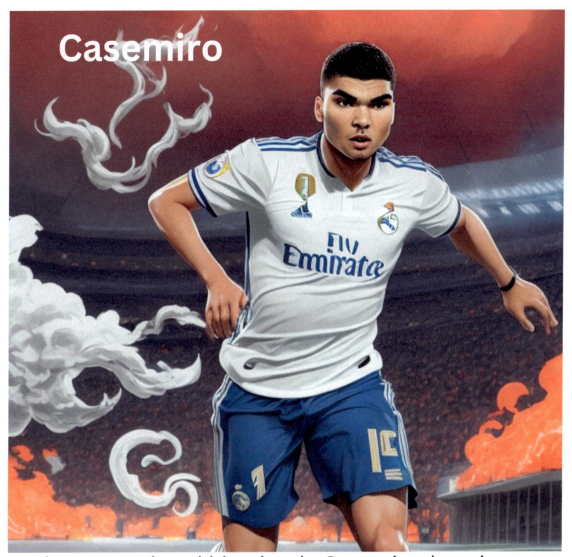

Plongeons dans l'histoire de Casemiro, le puissant milieu de terrain brésilien connu pour sa ténacité, sa maîtrise défensive et son leadership sur le terrain. Né le 23 février 1992 à São José dos Campos, au Brésil, le parcours de Casemiro vers la gloire du football a commencé dès son plus jeune âge. Il a rapidement montré son talent et sa détermination, attirant l'attention des recruteurs et décrochant une place à l'académie de jeunes du São Paulo FC, l'un des clubs les plus prestigieux du Brésil.

Casemiro a rapidement gravi les échelons au São Paulo FC, impressionnant les entraîneurs par sa force physique, sa perception tactique et sa capacité à briser les attaques adverses. Il a fait ses débuts en équipe première en 2010, et il n'a pas fallu longtemps avant qu'il ne devienne un élément clé du milieu de terrain, aidant São Paulo FC à remporter des titres nationaux et se faisant un nom en tant que l'un des jeunes talents les plus prometteurs du football brésilien.

En 2013, Casemiro prend ses valises pour le Real Madrid, prêt à affronter les grands championnats. Et mon dieu, il s'est parfaitement intégré ! Avec ses tacles sans compromis, ses passes précises et sa défense impénétrable, il est rapidement devenu le milieu de terrain puissant dont le Real Madrid avait besoin.

Les contributions de Casemiro au succès du Real Madrid ont été immenses, avec sa capacité à protéger la défense, remporter des tacles et distribuer le ballon efficacement s'avérant inestimable. Il a joué un rôle crucial dans les triomphes du club en compétitions nationales et internationales, notamment plusieurs titres de la Ligue des champions de l'UEFA et de la Liga.

L'épopée de Casemiro à Manchester United en 2022 ! Imaginez ceci : les rumeurs de transfert bruissent et avant même que vous ne le sachiez, la grande nouvelle éclate - Casemiro se dirige vers Old Trafford ! Les fans étaient excités alors que le puissant milieu de terrain brésilien faisait ses bagages pour le géant de la Premier League. Avec sa présence imposante, ses compétences défensives impeccables et son talent pour contrôler le milieu de terrain, Casemiro était exactement ce dont Manchester United avait besoin pour renforcer son équipe.

Et il a vraiment assuré ! Des tacles musclés aux passes précises, Casemiro est rapidement devenu le chouchou des supporters à Old Trafford. Il a sorti le grand jeu semaine après semaine, se révélant être une force à ne pas sous-estimer en Premier League. Avec Casemiro à la tête du milieu de terrain, Manchester United a atteint de nouveaux sommets, rivalisant pour les plus grands honneurs aussi bien dans les compétitions nationales qu'européennes. Son impact sur l'équipe était indéniable, car il a joué un rôle crucial dans leur quête de gloire.

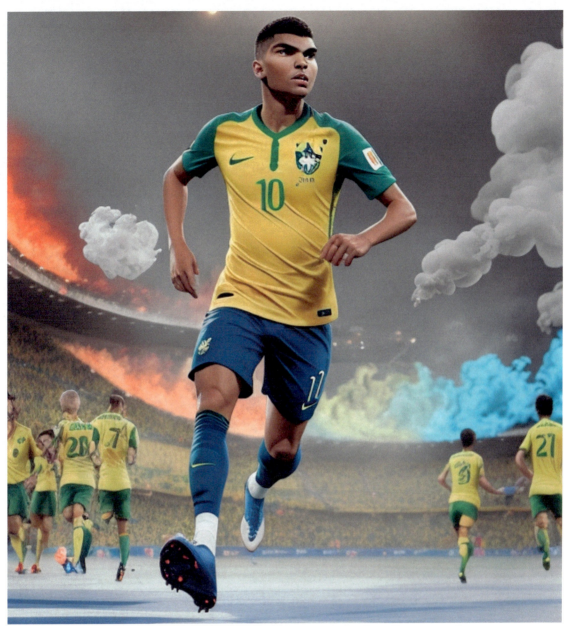

Au-delà de son succès en club, Casemiro a également été une figure clé de l'équipe nationale brésilienne, représentant son pays avec distinction lors de grands tournois tels que la Coupe du Monde de la FIFA et la Copa America. Ses qualités de leadership et sa solidité défensive en font une partie essentielle du moteur du milieu de terrain de l'équipe.

Le parcours de Casemiro, de São Paulo FC à Manchester United en passant par l'équipe nationale brésilienne, témoigne de son talent, de son travail acharné et de sa persévérance. En tant que l'un des meilleurs milieux défensifs au monde, Casemiro continue de marquer le jeu de son empreinte avec sa présence imposante et son engagement indéfectible pour le succès.

Nous espérons que vous avez apprécié chaque page du livre !

Oh ! Avant de partir. Veuillez laisser une note ou un commentaire. Merci !

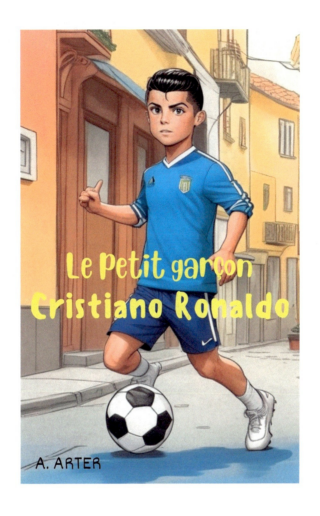

Vérifiez le livre illustré pour enfants sur Kindle Amazon : "Le petit Cristiano Ronaldo" à partir d'ici :

https://www.amazon.com/dp/B0CL9FRKQJ

Vérifiez le livre illustré pour enfants sur Kindle Amazon : "Messi vs Cristiano Ronaldo - Guerre des Titans : Livre illustré pour enfants et au-delà : Qui est meilleur ? La vérité : Parfait pour tous les âges" à partir de ce lien :

https://www.amazon.com/dp/B0CP6PTRZH

Vérifiez le livre pour enfants sur Kindle Amazon : "Comment devenir comme Elon Musk ? Le guide de succès pour enfants : Devenez comme Elon Musk" à partir de ce lien :

https://www.amazon.com/dp/B0CNWS9RWS

ChVérifiez le livre : "Comment devenir riche - argent facile : Comment j'ai gagné 2 millions de dollars en 3 mois" à partir de ce lien :

https://www.amazon.com/dp/B0CNHBTZVZ

Droits d'auteur © 2024 par A. Arter Tous droits réservés. Aucune partie de cette publication ne peut être reproduite, distribuée ou transmise sous quelque forme ou par quelque moyen que ce soit, y compris la photocopie, l'enregistrement ou d'autres méthodes électroniques ou mécaniques, sans la permission écrite préalable de l'éditeur, sauf dans le cas de brèves citations intégrées dans des critiques et certains autres utilisations non commerciales autorisées par la loi sur le droit d'auteur. Pour les demandes de permission, écrivez à l'éditeur, adressé à "Attention: Coordinateur des autorisations", à l'adresse figurant à la fin du livre.

Printed in France by Amazon
Brétigny-sur-Orge, FR